KB019000

부자의 공식

완벽한 부를 도출하는

부자의 공식

이정윤 지음

여러분은 반드시 10년 안에
100억 부자가 될 것입니다

부자학교를 운영하면서 100억 부자가 되면 무엇을 하고 싶은지 '버킷리스트'를 쓰라고 한 적이 있습니다. 젊은 학생들이 공통적으로 썼던 내용 '부모님께 집 사드리기', '식당이나 옷 가게에서 가격 확인 안 하기'였습니다. 여러분은 어떤가요? 다 비슷하지 않을까요. 부모님께 효도하고 사고 싶은 것 사면서 조금 여유롭게 살고 싶은 마음일 것입니다. 지금 이 글을 보고 있다면 '100억 부자가 되면 하고 싶은 버킷리스트'를 작성해보세요. 그럼 갑자기 100억 부자가 되고 싶다는 욕망이 강하게 들 것입니다. 그다음 이 책으로 부자 공부를 시작하세요. 이 책은 독자들에게 부자 꿈을 갖게 하고, 그 꿈을 실현하게끔 돕는 데 목적이 있습니다.

이 책의 구성과 내용

이 책은 '예습 – 본문 – 복습'과 '부록'으로 구성됐습니다. 각 교시의 앞과 뒤에 예습과 복습을 둔 이유는 책 한 권을 한 번 읽는 것으로 세 번 읽는 효과를 주고 싶었기 때문입니다.

세무사 시험공부를 했을 때, 고시촌에서 고시 합격생들의 합격기를 많이 읽었습니다. 단기 합격자들의 공통된 노하우는 '단권화'와 '다회독'입니다. 단권화는 교과서와 문제집을 서로 비교해 주요 내용을 종합하고 발췌해 한 곳에 정리하는 작업을 말하고, 다회독은 한 권의 책을 여러 번 읽는 것을 말합니다. 저도 이 원칙을 지킨 결과 1년 만에 세무사 시험에 합격했습니다.

저는 이 책을 쓰면서 '부자학'과 '경제학' 그리고 '성장주 투자'의 가장 표준이 되는 지식과 내용을 단권화하는 심정으로 쓰고자 노력했습니다. 이렇게 본문을 구성했지만 계속 마음에 걸리는 게 있었습니다. '독자들이 어려워하면 어떻게 하지? 더 쉽게 풀어써야 하나?' 그러나 객관적인 이야기를 유지하기 위해서는 난이도를 더 낮출 수는 없었습니다.

그래서 '예습'과 '복습'을 넣어 이 책을 한 번 보면 3회독 효과를 볼 수 있게 했습니다. 이 책은 부자학, 경제학, 성장주 투자의 학습서이기 때문입니다. 학습서를 공부하는 목적은 그 책의 내용을 완벽히 이해하고 주요 내용을 기억하는데 있습니다. '예습'과 '복습'은 독자들이 책을 이해하는데 큰 도움이 될 것입니다.

본문은 3개의 교시로 구성돼 있습니다. 각 교시는 8개의 챕터로 이루어져 있습니다. 이 책은 저의 세 번째 책입니다. 첫 번째 책과 두 번째 책 그리고 세 번째 책 모두 3개의 부 각 8개의 장으로 되어 있습니다. 그 이유는 제가 숫자 '8'을 좋아하기 때문입니다. 중국에서 숫자 8이 돈 버는 숫자라는 것을 알게 된 이후부터 의도적으로 좋아하기 시작했습니다.

언제나 성실히 최선을 다하고, 부자 되는 숫자 8을 좋아하는데 부자가 안 될 수 없다는 생각으로 살아왔습니다. 그래서일까요. 저는 젊은 시절 정말 빨리 부자가 됐습니다. 확고하게 품은 '부자의 꿈'과 절박한 '성실성'이 만들어낸 합작품이었다고 생각합니다.

주식투자 이야기로 채운 전작과 달리 이번 책은 부자이론, 경제학 그리고 주식 이야기를 담았습니다. 그 이유는 제가 부자가 되는데 가장 기본이 되었던 것은 경제 지식이었고, 가장 큰 실전무기가 주식투자였기 때문입니다.

'1교시'는 부자 이야기입니다. 이 세상에 부자는 많습니다. 그리고 부자 되는 방법을 말하는 이도 많습니다. 하지만 모든 부자에게 적용되는 부자공식을 말한 이는 없습니다.

부자학교를 운영하며 제가 만든 '부자공식 G×R'을 가르쳤습니다. 수업을 들은 학생들이 동기부여를 받았다며 감사 표시를 할 때마다 보람을 느꼈습니다. 이 책에서 알려드리는 부자공식을 비롯한 부자가 되는 방법이 여러분에게 울림으로 다가가 강한 동기부여가 되었으면 합니다.

혹자는 이 책의 내용 중에 새로운 것은 없다고 말할 수 있습니다. 하지만 이 책만큼 명확하게 부자가 되는 공식을 제시한 책은 없다고 자부합니다. 이 책은 명확하게 부자의 꿈을 제시하며, 그 꿈을 이루기 위한 부자훈련법까지 담겨 있습니다. '부자공식 G×R'을 믿고 차근차근 부자훈련을 하면서 여러분 각자가 가진 부자 꿈을 이루길 진심으로 바랍니다.

'2교시'는 경제학 이야기입니다. 독자들은 부자 이야기에 비해 다소 재미없는 부분이라고 생각할 수 있습니다. 그러나 스포츠 선수의 기본기가 튼튼하지 못하고 잔재주만 늘면 프로선수가 되기는커녕 아마추어에서도 실력자가 될 수 없습니다.

요즘 보면 수많은 경제 관련 서적이 있지만 기본보다는 특수한 상황의 현실 경제만을 강조하는 경우가 많습니다. 특히 거시경제만을 강조하는 경우가 많습니다. 그러나 미시경제의 이해 없이 거시경제를 이해할 수는 없습니다. 이 책에서는 현실 경제 이야기를 쓰기보다는 경제학이라는 학문의 기초 내용을 현실 사례를 들어 쉽게 설명하려 노력했습니다.

그리고 다시 한 번 강조하지만 부자가 되기 위해서 가장 중요한 기초 학문은 경제학입니다. 그 신념으로 1,000쪽이 넘는 경제학원론의 내용을 축약시키고 쉽게 설명하려고 노력했습니다. 만약 어렵다고 느껴진다면 이 문구를 생각하세요. "경제학을 이해하면 진짜 부자가 될 수 있습니다."

'3교시'는 주식 이야기입니다. 부자가 되기 위해서는 투자의 양대 산맥인 부동산투자와 주식투자에 성공할 수 있게 노력해야 합니다. 저는 주식투자의 전문가입니다. 그래서 세 번째 이야기는 주식 이야기를 썼습니다. 다만 이 책은 주식투자 책이 아니고 부자 책이기 때문에 투자의 기본부터 설명하여 초보 투자자도 어렵지 않게 읽어나갈 수 있도록 했습니다.

'쉽게 큰돈 버는 투자'로 '성장주 투자' 이론을 담았습니다. '성장주 투자'를 돈 버는 무기로 선택한 이유는 2020년 거래소 지수가 역사적 신고가를 경신할 정도로 강했고, 그 중심에는 성장주들의 상승세가 있었으며, 2021년에도 성장주 시대는 계속 될 것이라고 예상했기 때문입니다.

아직 주식투자를 시작하지 않은 독자들, 이제 막 시작한 초보 투자자들 그리고 수 년 동안 투자를 했지만 공부가 덜 된 투자자들까지 모두 이해하기 쉽게 성장주 투자 방법을 설명했습니다. 천천히 읽고 반드시 자신의 투자 방법으로 만들어 나가길 바랍니다.

이 책의 마지막에는 '부록'이 첨부돼 있습니다. 부록에는 현재 우리나라의 산업 분류 중 중요하다고 생각되는 23개 산업과 각 산업들의 시가총액 1, 2위 종목들이 담겨 있습니다.

주식투자를 시작하는 초보 투자자들에게 가장 편하게 추천할 수 있는 종목이 삼성전자입니다.

"삼성전자나 사봐. 우리나라 최고 기업이잖아. 성장하고 있고 망하지도 않을 회사야."

맞습니다. 하지만 포트폴리오 분산효과를 생각한다면 삼성전자 한 종목만 사는 것은 반대입니다. 그래서 각 업종에서 시가총액이 큰 대장주격인 46개의 종목을 부록으로 정리한 것입니다. 그리고 그중에 8개 산업의 8개 종목을 포트폴리오로 제시했습니다. 그 이유는 1개의 종목 선정도 중요하지만 포트폴리오 구성 능력도 중요하기 때문입니다. '부록'은 종목 추천이 아닌 포트폴리오 공부를 위한 사례임을 분명히 밝힙니다.

이 책을 다 읽은 분들에게

이 책의 독자들은 모든 부자에게 공통으로 적용할 수 있는 '부자공식 G×R'을 공부했습니다. 부자가 되는 4단계 훈련을 통해서 부자의 목표를 세우고 현재 상태를 파악한 후, 실행 목록과 투자노트를 작성하는 법도 배우고 연습했습니다. 또한 그동안 어렵게 생각했던 경제학을 기본부터 착실히 배워서 현실 경제와 투자에 적용할 수 있게 됐습니다. 그리고 마지막으로 20년 이상 성공 투자를 계속하게 한 제 이론인 '성장주 투자'를 통해 '쉽게 큰돈 버는 법'까지 배웠습니다.

이 책을 통해서 배우고 연습한 것을 계속 실행하시면 됩니다. 절박한 성실성을 가지고 처음에 작성했던 버킷리스트를 생각하면서 묵묵히 걸어가시길 바랍니다. 이 책을 다 읽은 모든 분들이 부자의 꿈을 이루시길 진짜 부자인 제 기운을 담아 간절히 바랍니다.

"모두 부자 되세요!"

늘 꿈꾸고 늘 성실하게

코로나로 모두가 힘든 날입니다. 경제적으로 힘든 시기일수록 돈을 더 벌고 싶어 하고, 부자가 더 되고 싶어 합니다. 코로나19 경제위기 상황에서도 부자가 되고 싶어 하는 분들에게 저 같은 흙수저도 진짜 부자가 되었다는 이야기로 자신감을 주고 싶었습니다.

그러나 마냥 제 경험으로 '나 부자니까 나만 믿고 따라오면 돼!' 하고 외치는 부자 책을 쓰고 싶지 않았습니다. 그래서 20년 이상 공부했던 부동산투자, 주식투자, 세무설계, 재무설계, 경제학 등 부자가 되는데 필요한 모든 지식과 경험을 모아서 이론과 실전이 녹아 있는 책을 쓰려고 노력했습니다.

주변에서 "이제 쉬어도 되지 않아?"라는 말씀을 많이 하십니다. 어렸을 때 꾸었던 부자의 꿈, 성공 투자의 꿈은 이루었지만 저는 또 다른 꿈을 계속 꾸며 살고 있습니다. 여태껏 늘 꿈꾸며 늘 성실하게 살아왔고 제 꿈과 절박한 성실성은 계속 진행 중입니다.

『부자의 공식』의 출간을 허락해주신 '베가북스'의 권기대 대표님과 배혜진 이사님, 백상웅 팀장님께 진심으로 감사드립니다. 그리고 밸런스 에셋과 밸런스 투자아카데미 그리고 밸런스 택스 컨설팅에서 저와 호흡을 맞추고 있는 밸런스 식구들에게도 감사의 마음을 전합니다. 그들 모두의 이름을 부르지 못해 죄송할 따름입니다. 유튜브 〈슈퍼개미 이세무사TV〉 구독자님들을 비롯한 블로그, 카페, 부자학교, 강연회 등에서 응원해주셨던 수많은 분들에게 꼭 부자 되는 그날까지 함께 하자고 말씀드리고 싶습니다.

마지막으로 사랑하는 가족을 비롯한 모든 지인들의 건강과 행복을 기원합니다.

차례

작가의 말

2교시 부자가 되기 위한 경제학 공부

1교시

부자는
부자의 마음으로
부자 공부를 한다

부자는 부자의 마음으로 부자 공부를 한다

◄──•──►

1. 부자는 꿈부터 꾼다

모든 일은 '꿈'을 먼저 꿔야 가능하다. 저자는 무일푼인 상황에서 주식 공부를 하고 소액으로 계좌를 만들었다. 열심히 공부하고 투자한 결과 30대 초반에 '백억 부자'가 됐다. 그 후 20년 이상 성공 투자를 이어나가 슈퍼개미가 됐다. 그럼에도 세무사 합격, CFP 합격, 부동산대학원 석사졸업 등 재테크의 전 분야의 지식과 경험을 쌓아 나갔다.

2. 부자란 무엇인가?

부자는 지금 현재 돈이 많이 있는 사람이다. 그렇다면 돈이 얼마나 많아야 부자일까? 최근 조사를 보면 50억 원 이상 있어야 부자라고 생각하는 사람들이 많아졌다. 하지만 남들 의견이 중요한 게 아니다. 부자의 기준은 각자 마음대로 정하면 된다. 부자가 되면 자유가 생겨서 좋다. 돈 때문에 못 먹고, 못 사는 것이 없는 경제적 자유가 생긴다. 다만 시간적 자유가 생긴다고 착각하지는 말자. 직업이 없는 많은 사람들도 시간적 자유를 누리니까 말이다. 부자가 되어 경제적 자유를 얻으면 행복할까? 반드시 그런 것은 아니다. 따라서 그냥 부자가 아닌 행복한 부자가 되도록 노력해야 한다.

3. 꿈을 이루는 부자공식 G×R

몇 년 안에 얼마를 가진 부자가 되겠다는 구체적인 목표를 세우자. '나는 10년 안에 100억 부자 될 거야!'처럼 상상만 해도 가슴 떨리는 목표를 세우고 부자 공부를 시작하자. 부자 공부는 부자공식 G×R을 이해하는 것에서 출발한다. 소득성장률인 G값과 투자수익률인 R값을 높이자. 순소득은 소득에서 지출을 뺀 값이므로 부자 되기 위해서는 지출을 통제하고 소득을 증대해야 한다. 그렇게 모은 시드머니를 투자해서 순자산을 높여 나간다면 부자의 꿈은 실현된다.

4. 부자 만드는 시스템이 있다

1단계 목표 설정: 목표금액과 목표기간 설정
2단계 현재 상태 파악: 현재순자산과 현재순소득 파악
3단계 G와 R 높이기: 소득성장률 G와 투자수익률 R 증대

자신의 현재순자산과 현재순소득을 가장 정확히 파악하는 방법은 개인 재무상태표(순자산 파악)와 개인 현금흐름표(순소득 파악)를 작성하는 것이다. 이 두 표를 작성하고 순자산과 순소득의 유기적인 관계를 파악하면 순자산과 순소득이 동시에 늘어나는 부의 시스템을 만들 수 있다. 이제 돈을 노예로 만들자.

5. 돈, 어떻게 벌고 관리할까?

소득성장률 G값을 높인다는 것은 지출 통제와 소득 증대를 추구한다는 것이다. 뼈를 깎는 고통이 수반된다. 지출 통제는 소득 이내에서만 가능하다. 하지만 소득 증대는 한도가 없다. 소득을 늘리는 방법에는 두 가지가 있다. 첫 번째는 다양하게 새로운 소득을 발생시키는 것이다. 새로운 사업소득이나 기타소득을 발생시키려는 노력이 필요하다. 두 번째, 몸값을 올려 자신을 '주식화' 하자. 주식회사를 창업하거나 주식회사의 지분을 받고 일한다면 몇 년 후 '부의 추월차선'을 달리고 있을지도 모른다.

6. 고생해서 번 돈 어떻게 투자할까

투자수익률인 R값을 높이려면 위험을 감수해야 한다. 모든 투자대상의 위험과 수익률은 비례하기 때문에 높은 수익률을 추구할수록 높은 위험에 노출된다. 위험을 낮추기 위해 포트폴리오 분산효과를 공부하자. 최근 부자들의 최적 포트폴리오에서 주식과 부동산투자 비중이 높아지고 있다. 특히 해외 자산 투자에 대한 선호도가 올라가고 있다. 또한 적정 규모의 부채비율을 통하여 레버리지 효과를 누리는 것도 중요하다. '영끌'과 '빚투'가 유행인 시대에 레버리지 효과를 정확히 모르고 투자한다면 불에 뛰어드는 나방 신세와 같다.

7. 지금 당장 키우는 부자 나무

뿌리가 깊은 나무는 바람에 흔들리지 않는다. 부자 나무의 뿌리를 튼튼히 하기 위해서는 보험과 연금자산을 쌓아나가야 한다. 은퇴 이후의 최적 포트폴리오는 '임대소득'이 나오는 부동산, '배당소득'이 나오는 주식, 그리고 '연금소득'이 나오는 연금자산으로 구성해야 한다. 탄탄한 뿌리를 내렸다면 풍성한 줄기를 뻗어야 하는데, 가장 좋은 방법은 부동산투자와 주식투자다.

8. 돈 내고도 못 듣는 부자훈련 4단계

1단계	목표를 설정하고 매일 외치고 주변에 알리자

'나는 10년 안에 100억 부자 될 거야', '부자공식 G×R, G는 소득성장률 R은 투자수익률', 이 두 문장을 잘 보이는 장소 곳곳에 붙여 놓고 보일 때마다 큰 소리로 외치자.

2단계	개인 재무상태표와 개인 현금흐름표 직접 작성하기

자신의 현재순자산과 현재순소득을 파악하자. 두 표를 작성한 후에는 자산 포트폴리오나 부채비율의 문제점을 파악하고 소득 증대나 지출 통제에 대한 반성을 하자.

3단계	'지출 줄이기', '소득 늘리기' 실천 목록 만들기

구체적으로 실천 목록을 만들어보자. 지출을 줄이면 1억 부자가 되고, 소득을 늘리면 10억 부자가 되고 투자를 잘하면 100억 부자가 된다.

4단계	투자 잘하기 투자노트 만들기

투자는 자신의 경험에서 배우는 것이다. 투자 성공과 투자 실패에서 장점을 살리고, 단점을 보완하기 위해 '투자노트'를 작성하자.

1

부자는 꿈부터 꾼다

부자의 꿈도 제대로 꿔야 부자가 될 수 있다. 돌이켜보면
나는 어떻게 부자가 될 수 있을지를 매일 생각하고,
부자가 되는 상상도 자주 했다.
또 그 상상을 이루기 위해 노력했다고 자부한다.

10만 원 두 배 벌기 30번이면 100조 원

누구나 꿈꾸며 살아간다. 좋은 대학에 진학하거나 좋은 회사에 취
직하는 꿈, 좋아하는 사업을 하거나 이상형과 사귀는 꿈을 꾸기도 한
다. 이렇듯 이 세상에는 다양한 종류의 꿈이 있다.

이런 많은 꿈들 중에 우리 모두 동일하게 꾸는 꿈이 있는데, 바로
'부자의 꿈'이다. 세상에 부자가 되기 싫은 사람이 있을까? 너무 막연
하게 느껴지거나 희망이 보이지 않아서 그 꿈을 당장 손에 잡지 못하

는 사람들도 있다. 그러나 아무리 사는 게 막막해도 부자가 되기 싫은 사람은 없다. 부자가 되기 위해서는 먼저 진짜 부자의 꿈을 꿔야 한다. 막연한 부자의 꿈이 아닌, 진짜 부자의 꿈을 말이다.

나는 다른 사람들보다 훨씬 더 어렸을 때부터 부자 꿈을 꿨다. 실제로 초등학교 3학년 수업 시간에 장래희망을 발표할 때 대통령, 교수, 의사, 변호사를 말하는 친구들과 달리 부자가 되겠다고 말했다. 그때 선생님과 친구들이 "헐, 부자가 직업이야?", "부자가 꿈이라니." 라며 당황해하던 표정이 아직도 기억난다.

나는 어린 시절 부유한 집안의 친구들이 다니던 유치원 문 앞도 못 가봤다. 성인이 될 때까지 수영, 테니스 같은 스포츠 강습은 물론 그 흔한 태권도 학원이나 미술 학원조차 다녀본 적이 없다. 학교 정규교육 이외 사교육을 받은 적이 단 한 번도 없다.

아주 심각한 수준으로 가난했던 것은 아니었지만 상대적으로 부유한 집안 친구들과는 생활이 확실히 달랐다. 당시 살던 동네에 고층 아파트가 있었다. 그곳에는 부자들이 많이 살았다. 고층 아파트에 사는 같은 반 친구들은 옷매무새가 다르고 도시락 반찬도 달랐다. 그래서인지 어린 마음에 더 부자가 되고 싶었을지도 모른다.

고등학교 2학년이 되던 해에 아버지의 사업 실패로 학교 앞 정든 집을 떠나야 했다. 학교에서 좀 더 멀고 좀 더 작은 집으로 이사를 갔다. 걸어서 등교하다가 이사를 간 후에는 한 시간 정도 매일 버스를 타고 다녔다. 그 무렵부터 막연했던 부자의 꿈을 조금 더 구체적으로 꾸기 시작했다. 부자가 되어 예전에 살던 집을 다시 사고 하고 싶은 것과 먹고 싶은 것 다 먹으면서 살고 싶다는 생각이 자라났다.

그런데 돈을 얼마나 갖고 있어야 부자인지 잘 몰랐던 나이였다. 내 첫 부자의 꿈은 '백조 부자'였다. 지금 생각하면 허무맹랑한 액수지만 그 당시에는 굉장히 진지하게 나름 논리를 펼쳐서 '백조의 꿈'을 꿨다. 사실 지금 생각하면 너무 기특할 정도다. 돈의 크기는 몰랐지만 구체적인 액수를 정했던 것이 신의 한수였다는 생각이 든다.

나의 논리는 단순했다. 돈을 한 번 벌 때마다 두 배씩 벌 수 있다고 가정했다. 두 배 벌기를 10번 하면 1,024배로 1,000배가 넘는다. 그렇다면 10만 원으로 두 배 벌기를 30번 성공해서 100조 원을 벌수 있다고 생각했다 '10만 원 두 배 벌기'를 10번 반복하면 1억 원이다. '1억 원으로 두 배 벌기'를 10번 반복하면 1,000억 원이 된다. '1,000억 원으로 두 배 벌기'를 10번 거듭하면 100조 원이 된다.

10만 원 두 배 벌기 10번		
횟수	원금	2배 금액
1번	100,000	200,000
2번	200,000	400,000
3번	400,000	800,000
4번	800,000	1,600,000
5번	1,600,000	3,200,000
6번	3,200,000	6,400,000
7번	6,400,000	12,800,000
8번	12,800,000	25,600,000
9번	25,600,000	51,200,000
10번	51,200,000	102,400,000

(단위: 원)

1교시: 부자는 부자의 마음으로 부자 공부를 한다

1억 원 두 배 벌기 10번		
횟수	원금	2배 금액
1번	100,000,000	200,000,000
2번	200,000,000	400,000,000
3번	400,000,000	800,000,000
4번	800,000,000	1,600,000,000
5번	1,600,000,000	3,200,000,000
6번	3,200,000,000	6,400,000,000
7번	6,400,000,000	12,800,000,000
8번	12,800,000,000	25,600,000,000
9번	25,600,000,000	51,200,000,000
10번	51,200,000,000	102,400,000,000

(단위: 원)

1,000억 원 두 배 벌기 10번		
횟수	원금	2배 금액
1번	100,000,000,000	200,000,000,000
2번	200,000,000,000	400,000,000,000
3번	400,000,000,000	800,000,000,000
4번	800,000,000,000	1,600,000,000,000
5번	1,600,000,000,000	3,200,000,000,000
6번	3,200,000,000,000	6,400,000,000,000
7번	6,400,000,000,000	12,800,000,000,000
8번	12,800,000,000,000	25,600,000,000,000
9번	25,600,000,000,000	51,200,000,000,000
10번	51,200,000,000,000	102,400,000,000,000

(단위: 원)

어린나이에 두 배 벌기가 쉽게 느껴졌다. 30번 하는 것도 가능하
리라 믿었다. 그래서 나는 그날부터 책, 노트, 모자 등 모든 소지품에

'백조의 꿈'을 새겼다. 친구들은 호수 위에 떠다니는 '백조'라고 생각했을지 모르지만 내 머릿속에는 '백조 원 부자'의 꿈으로 가득했다.

이러한 꿈을 가진 지 수십 년이 지났다. 난 아쉽게도 아직까지 백조의 꿈을 달성하지 못했다. 그래도 혼자의 힘으로 상상할 수 없는 큰돈을 벌었고 '부자의 꿈'을 이루었다. 진짜 부자가 된 것이다. 이런 과정을 겪었기 때문인지 꿈은 가능하면 크게 갖는 것이 좋다고 생각한다. 꿈 나무를 오르다가 중단해도 반은 갈 수 있고, 모진 풍파에 꿈이 부서져도 큰 꿈의 조각이 더 크게 남기 때문이다.

나는 지금도 '부자학교' 수업을 듣는 학생들에게 꿈은 크게 가지라고 말한다. 꿈은 대부분 달성하지 못한다. 그러나 죽도록 노력하면 그 부근까지는 간다. 아니 그 부근까지 못가더라도 반은 갈수 있다. 애초에 쉽게 달성할 수 있다면 그걸 꿈이라고 하겠는가.

부자와 나는 무엇이 다를까

대학 시절이 시작되며 백조의 꿈을 이루기 위해 '도대체 나는 부자가 된 사람들과 무엇이 다를까?'를 자주 고민했다. '사업을 해볼까?'라는 생각도 해봤지만, 사업을 시작할 종자돈조차 없었다. 그렇다고 평범한 직장인의 삶으로 부자가 될 수 없다는 것은 본능적으로 알 수 있었다.

아무것도 가지지 않은 내가 빨리 돈을 벌 수 있는 방법으로 '도박'

밖에 떠오르지 않았다. 특히 당시 두 배 벌기에 꽂혀 있었기에 더욱 도박이 와 닿았던 것 같다. 포커를 열심히 치고 다녔지만, 친구들과 포커를 치고 다니는 것으로 부자가 될 수 없다는 것을 너무나 쉽게 깨닫게 되었다.

그러던 어느 날 경마장에 가게 됐다. 처음 간 그날 하필이면 '초심자 행운'이 나에게 왔다. 1,000원을 베팅했는데 무려 100배가 맞으면서 10만 원이라는 거금을 배당금으로 받게 됐다. 그 후로 거의 6개월 동안 매주 주말마다 경마장을 다니면서 한 학기 등록금을 날리기까지 했다.

지금은 덤덤하게 말할 수 있는 일이지만 그땐 정말 죽고 싶었다. 그리고 그때 난 이런 도박으로는 절대 부자가 될 수 없다는 걸 깨달았다. 경마장이나 하우스, 카지노의 경우 하우스비용 때문에 게임의 수를 늘릴수록 나의 자금은 결국 0에 도달한다는 매우 수학적인 결론에 도달한 것이다.

도박에서의 두 배 벌기 실패는 나에게 다른 대안을 찾게 했다. 그 대안은 '주식투자'였다. 1992년부터 1994년까지 종합주가지수가 500p에서 1,100p까지 두 배가 넘게 오르면서 주변에는 주식으로 돈을 번 사람들의 무용담이 넘쳐났다. 경영학을 전공하는 대학생이었던 나는 전공 교수님들에게 주식투자에 대한 이야기를 접하면서 주식투자자로의 꿈을 구체적으로 꾸게 되었다. 물론 꿈만 꾸었지 계좌를 트고 돈을 벌수는 없었다. 나에게는 주식투자를 할 돈이 없었으니까 말이다.

요즘 주식투자자들을 보면 대부분 주식투자가 하고 싶어서 계좌를 만드는 것이 아니라 주변에서 주식투자 해야 한다는 말을 많이 듣다가 계좌를 만드는 경우가 많다. 주객이 전도된 경우다. 주식투자의 주체는 자기 자신인데, 자유로운 의지로 판단해 계좌를 만든 게 아니라 주변 사람들의 의견을 듣고 수동적으로 만들었기 때문이다.

주식투자를 하고 싶어서 계좌를 만드는 것과 돈이 있어서 그냥 재테크 수단으로 계좌를 만드는 것은 천지차이다. 나는 돈은 없지만 너무 주식투자를 하고 싶었다. 그래서 계좌도 없이 일단 주식투자 공부부터 시작했다. 그 시기에 한 주식투자 공부가 너무 소중하다. 요즘도 강연장에서 농담반 진담반으로 "초보 분들은 계좌에서 돈 다 빼고 공부부터 하세요."라고 말하기도 한다.

1996년 스물여섯 살이란 늦은 나이에 입대를 했다. 전역하기 전인 스물여덟 살에 결혼을 했다. 당시 병장 월급이 12,000원이었던 것으로 기억한다. 집안이 부자도 아니고 취업도 안 되는 IMF 시절에 결혼을 하다니 지금 생각하면 철이 없었다. 어쩌면 인생에서 '사랑'의 가치를 최우선으로 생각했던 것인지 모른다. 어쨌든 그 당시 나는 전역을 앞둔 공군 병장이었다. 전역 후 앞날이 깜깜했다. '백조 부자'를 계속 꿈꾸고 있었다. 아마도 내 아내는 '공군병장'보다는 '백조 부자'에 더 가중치를 주었던 게 아닐까.

결혼 예물도 맞추지 못하고, 신혼여행도 제주도에 있는 친구의 별장으로 갔다. 심지어 수원의 10평짜리 주공아파트 전셋돈을 구하지 못해 쩔쩔맸다. 하지만 결혼 이후 나는 너무나 급하게(?) 너무나 큰

돈을 벌었다. 아내는 '돈보다 사랑'을 택했는데 '돈'까지 굴러 들어오는 억세게도 운이 좋은 신부가 되었다.

내가 그 당시 후배들에게 연애상담을 할 때 가장 많이 했던 말이 '사랑하고 있고 결혼하고 싶은데, 돈이 뭐가 필요해!'다. 컴퓨터가 필요했을 때, 아내의 카드로 24개월 할부결제를 하며 벌벌 떨었던 무일푼인 내가, 큰돈을 벌고 어깨가 우쭐해져서 내뱉던 말이었으리라.

돈 공부, 돈 공부 그리고 돈 공부

20대 후반의 나이에 땡전 한 푼 없던 나는 주식으로 성공했다. 30대 초반에 100억 원대 자산을 가진 부자가 됐다. 간절히 바랐던 부자의 꿈인 '백조 부자'를 이루지는 못했지만 '백억 부자'가 된 것이다. 어떻게 이런 기적 같은 일이 있을까? 1999년부터 2002년까지 무일푼에서 '백억 부자'가 되었던 이야기를 해보겠다.

도박 말고 주식투자로 돈을 벌어야겠다는 결심을 했다. 그러고는 미리 주식 공부를 하다가 군복무 시절에 첫 주식계좌를 만들었다. 휴가를 나와 주식계좌를 개설하고 군 복무하면서 모은 돈 10만 원 정도로 주식투자를 시작했다. 다행히 행정병이라 경제 뉴스를 매일 볼 수 있었다. 그때는 경제 신문을 보면 시세표가 다 나와 있었기에 그걸 보면서 주식투자 시작했다. 전화로 매수 주문을 하던 시기였다.

IMF 시기였던 것, 그리고 군대에서 돈이 별로 없을 때 주식을 시작한 것이 오히려 결과적으로 기가 막히게 좋은 타이밍이 되었다. 시드머니도 10만 원에 불과했고 돈을 버는 법을 배우지 못했지만 약세장에서 잃지 않는 법을 배우게 됐다. 이때 배운 약세장에서 버티는 법은 내가 정글 같은 주식시장에서 산전수전 다 겪으며 20년 이상 살아남게 한 초석이 되었다.

1999년 2월, 전역을 했다. 그 무렵 한국 경제는 빠르게 회복해갔다. IMF 시대가 끝나고 빠른 성장이 시작됐다. 더 중요한건 첫 아이가 생긴 것이다. 돈 없는 공군병장이 결혼한 것도 모자라 전역하자마자 태어날 아이의 분유 값을 걱정해야 할 처지가 됐다. 아, 누군가 말했던가. '엄마는 사랑이고, 아빠는 책임감'이라고. 사실 이런 말은 들어본 적이 없다. 내가 만든 말인데, 그 시절을 떠올리면 태어날 아이에 대한 책임감이 내 성공을 가능케 한 원동력이란 생각이 든다.

전역 이후 빠른 취직을 위해 여기저기 중소기업에 입사원서를 냈다. 그러다가 여의도에 있는 회사에 운 좋게 입사했다. 그 당시 면접보러 갔던 그 날이 아직도 기억이 난다. 여의도의 고층빌딩들을 보면서 '이곳에서 일하면 정말 큰돈을 벌수 있겠네.'라는 생각을 하면서 집으로 돌아갔다. 이때부터 본격적으로 주식투자를 시작했다. 그 당시 수원의 신혼집에서 여의도까지 대중교통으로 거의 두 시간 가깝게 걸렸다. 새벽 5시 전에 기상해서 밤 11시가 넘어야 집에 들어오는 생활을 계속했다. 아침 7시부터 밤 9시까지 회사에서 일했다. 덕분에 기본급 이외에 꽤 많은 수당을 받을 수 있다. 그 돈으로 주식투자를 열심히 했다.

처음에는 종이로 된 증권사 리포트를 읽었다. 수개월 이상 열심히 매일 읽다보니 증권사 리포트를 쓸 수 있는 수준이 됐다. 주식투자의 지식과 경험이 늘어날수록 주식계좌의 금액 역시 커져만 갔다. 이것이 내가 공부를 열심히 하면 주식투자에서 성공 확률이 높다고 믿는 이유다. 그리고 교재 중에 '증권사 리포트'를 굉장히 중요하게 생각하는 이유다. 공부해도 안 된다고 생각하는 투자자가 있다면 둘 중의 하나일 것이다. 공부를 안 했던지, 이제 곧 성공 투자자가 될 가능성이 높던지.

아주 어린 나이에 빠르게 돈을 벌게 되고 주식투자에 성공을 할 수 있었던 것은 운이 정말 좋았기 때문이라고 생각한다. 만약 내가 1999년이 아니라 2년 앞선 1997년(IMF 체제로 한국 경제 몰락)이나 9년 뒤인 2008년(미국발 글로벌 금융위기 발생)에 주식을 시작했다면 정글 같은 주식시장에서 살아남지 못했을 것이다. 수많은 개인투자자들처럼 한 3개월이나 6개월쯤 주식을 사고팔다가 '뭐 이런 사기꾼들이 다 있어.'라고 하거나 '주식시장이라는 게 실상은 도박판처럼 결국 내 돈을 다 뺏어가는 곳이구나.'라고 투덜대며 주식시장을 떠났을지도 모른다.

그런데 당시 나처럼 수십억 원 이상 돈을 번 투자자 중에 20년이 지난 지금까지 몇 명이나 주식시장에서 주식투자를 하고 있을까? 대부분은 주식시장에서 사라졌다. 그리고 나는 살아남았다. 이는 내가 운 좋은 시점에 주식을 본격적으로 시작하고 노력과 실력으로 그 운을 지켜냈기에 가능했다.

운이 좋아서 번 돈은 결국 운이 다하면 주머니에서 사라지는 것이 주식시장의 속성이다. 나는 불행 중 다행으로 대학 시절 회계학과 경제학 등을 공부하며 주식시장에서 필요한 학문을 공부했다. 계좌도 만들기 전에 주식투자 관련 서적을 읽었으며 군대에서 작은 돈으로 하락장에서 버티는 법을 경험했다. 꿈을 이루기 위해 노력했고 운을 지키기 위해 노력했기에 성공 투자자가 되었다고 생각한다.

부자의 꿈을 꾸지 않는 사람들은 절대로 부자가 될 수 없다. 꿈을 꾸지 않고 이룰 수는 없기 때문이다. 많은 복권 당첨자들의 불행한 결말 이야기가 들려오는 것도 이러한 이유 때문일지도 모른다. 부자의 꿈 없이 갑자기 복권 당첨금이 생겼으니 부자로서의 삶을 살기 힘들었을 것이다.

부자의 꿈도 제대로 꿔야 부자가 될 수 있다. 돌이켜보면 나는 어떻게 부자가 될 수 있을지를 매일 생각하고, 부자가 되는 상상도 자주 했다. 또 그 상상을 이루기 위해 노력했다고 자부한다.

부자가 왜 이렇게 열심히 살아요?

◆—·—◆

주식투자로 큰돈을 벌면서 경제적 자유를 실컷 누리면서 살았다. 사고 싶은 것, 먹고 싶은 것, 하고 싶은 것을 다 했다. 지금보다도 한 달 지출비가 더 컸던 시기이기도 하다. 큰돈을 벌고 큰돈을 쓰면서 참으로 건방진 계획을 세웠다. 돈은 나중에 언제든지 벌면 되는 일이라고 생각했다. 그래서 모아둔 돈도 많으니 지금 가장 하고 싶은 미국 유학을 가려고 계획을 세우기 시작했다.

서른두 살에 큰 꿈을 안고 영어 공부를 하기 위해서 미국이 아닌 캐나다 밴쿠버로 떠났다. 캐나다에서 먼저 영어 공부를 한 후에 미국에서 MBA 석사 학위를 따는 계획을 세웠다. 그런데 아는 사람 하나 없는 낯선 땅에서 둘째 아이가 태어났다. 아내와 상의 끝에 어쩔 수 없이 캐나다로 떠난 지 거의 2년 만에 귀국을 결정했다.

비록 원하는 공부를 끝까지 하지는 못했지만 세 식구가 가서 네 식구가 되어 돌아왔으니 소득은 있었다. 그리고 영어 울렁증을 극복하는 수준을 넘어서 이후 영어 공부를 하나도 안 해도 80점 이상을 받을 수 있게 됐다. 영어 실력 덕에 다른 과목 공부 시간을 많이 확보했으니 세무사 시험을 1년 만에 합격할 수 있었다. 무엇이든지 열심히 하면 다 써먹을 때가 있는 법이다.

캐나다에서 한국으로 돌아오기 전에 앞으로 무엇을 하면 좋을지를 고민하던 중 세무사 자격증에 도전하기로 결심했다. 2004년 6월이었다. 귀국하자마자 공항에서 택시를 타고 신림동에 있는 세무사 자격증 학원으로 갔다. 학원 등록 딱 1년 만에 1차 시험과 2차 시험에 동시에 합격했다. 소위 말하는 동차합격을 1년 만에 한 것이다.

그 당시 신림동 고시촌 근처에 있는 봉천동의 아파트에 가족이 살았다. 나는 아침에 택시 타고 독서실에 가장 먼저 들어가서 밤에 가장 늦게 나와 택시를 타고 집으로 가는 생활을 매일 했다. 어린 친구들이 "형은 어떻게 이렇게 열심히 공부를 해요?"라고 물어보면 "세상에 얼마나 재밌는 일들이 많은 줄 아니? 빨리 시험 끝내고 인생 재밌게 살아야지!"라고 대답했다.

1차 시험을 보고서 바로 채점을 했다. 60점 이상이면 합격이었는데 90점 가깝게 나왔다. 나는 바로 2차 대비 학원에 등록했다. 주말반에 등록하자마자 어머니에게 전화가 왔다. "정윤아! 둘째 아이 돌잔치는 어디서 할 거니?" 어느덧 한국에 온 지 1년이 다 돼 귀국 직전에 태어난 둘째 아이의 돌잔치를 할 때가 된 것이다.

"어머니! 저는 돌잔치 못가요. 주말반에 등록했어요. 올해 꼭 2차 붙겠습니다. 신림동에서 1년 더 공부할 수는 없잖아요."

하지만 아빠가 불참하는 돌잔치를 할 수는 없다는 어머니의 결정에 돌잔치는 아예 못하게 되었고 나는 돌잔치를 열지 않은 나쁜 세무사 아빠가 되었다.

세무사가 되어 세무법인을 운영했다. 나는 사무실 내 방에서 주식투자를 했고 CFP(공인재무설계사) 자격증 시험도 준비해 합격했다. 그리고 주식투자와 함께 부동산투자도 내 무기로 만들어야겠다는 생각에 부동산 공부를 제대로 하고자 우리나라 최고의 부동산 대학원에서 석사 학위를 취득했다.

나는 주식과 부동산을 제대로 공부했다. 그리고 CFP 자격증과 세무사 전문자격증도 있다. 그래서 부자에 관련된 모든 공부를 다 했다고 자부한다. 지식에 더해 오랜 실무경험까지 있으니, 우리나라에 부자학과가 생긴다면 내가 초대 학과장쯤은 맡을 수 있지 않을까.

2017년, 샘표식품 지분공시를 하면서 '슈퍼개미'로 이름이 알려지게 되었다. 난 원래 주식투자로 20년 가깝게 큰돈을 벌어왔고 치열하고 독하고 열심히 살아왔는데 갑자기 '슈퍼개미'가 되면서 부모한테 물려받은 재산으로 주식투자를 했다는 둥 세무사라서 돈을 잘 번다는 둥 여러 말이 들려왔다. 나의 투자 과정을 모르는 사람들의 오해였다. 그래서 지금도 나는 더욱 열심히 '슈퍼개미'로서 살아가는지도 모른다. 운 좋은 슈퍼개미가 아닌 노력하는 슈퍼개미로 인정받기 위해서 말이다.

슈퍼개미로 알려진 이후에 난 이 책을 포함 세 권의 책을 썼다. 그리고 세 개의 회사를 운영하고 있으며 전업투자자 정도의 노력으로 주식투자를 계속 하고 있다. 여러 플랫폼을 거쳐 지금은 유튜브 채널인 〈슈퍼개미 이세무사TV〉에서 열심히 주식투자 교육을 하고 있다.

이런 모습을 보고 어떤 이들은 묻는다.

"부자가 왜 이렇게 열심히 살아요?"

그에 대한 대답은 앞으로 설명할 부자에 대한 내용에 들어있다. 부자에 대한 개념을 정확히 알게 된 다음에는 결코 "부자가 왜 이렇게 열심히 살아요?"라는 질문을 할 수는 없을 것이다.

나는 라인홀드 니버Reinhold Niebuhr의 기도문을 좋아한다.

"신이여, 제가 바꿀 수 없는 것들을 받아들일 수 있는 평온함을, 제가 바꿀 수 있는 것들을 변화시킬 수 있는 용기를, 그리고 그 차이를 분간할 수 있는 지혜를 허락해주소서."

이 얼마나 멋진 말인가! 20년 전 처음 주식을 시작하면서 '아무도 믿지 마라.'와 '이것 또한 지나가리라.'는 문구를 책상에 붙였다. 그런데 몇 년 전 니버의 기도문을 본 순간부터 책상 위 문구를 바꿨다.

주식투자를 하다 보면 지금 당장 바꿀 수 없는 일로 괜한 시간 낭비와 감정 손실을 할 때가 많다. 그런데 니버의 기도문처럼 그러한 것들을 받아들일 수 있는 평온함과 바꿀 수 있는 것들을 변화시킬 수 있는 용기 그리고 그 차이를 분간할 수 있는 지혜가 있다면 더 빨리 성공 투자를 경험할 수 있을 것이다.

이는 부자 꿈에도 적용된다. 본인이 바꿀 수 있는 일이 무엇인지 분별하고 그 일을 열심히 해내려는 용기를 갖는다면 반드시 부자의 꿈을 이룰 수 있다. 이제 부자 꿈을 꾸고, 그 꿈을 실현하기 위한 부자 공부를 하러 떠나보자.

2

부자란 무엇인가?

나는 목표를 어떻게 세울지 묻는 사람들에게
되도록 '달성하지 못할 것 같지만
죽도록 노력하면 달성 가능할 목표'를 세우기를 권한다.

돈을 댐에 비축하는 사람

부자가 되고 싶으면 부자(富者)가 뭔지 알아야 될 수 있다. 그런데 생각보다 부자의 의미를 정확히 모르는 이들이 많다. 1년에 1억 원을 버는 사람이 있다. 이 사람이 과연 부자일까? 연봉 1억 원이면 상당히 많은 돈을 벌고 있다고 할 수 있다. 그러나 그는 고소득자이지 부자는 아니다. 1년에 1억 원을 벌고 2억 원을 쓴다면 마이너스 인생일 뿐이다. 부자는 '부'를 쌓은 사람을 가리킨다. 곳간에 쌓인 돈이 많은 사람을 부자라고 한다.

경제학 개념으로 설명해보겠다. 소득은 유량Flow 변수이고 부는 저량Stock 변수다. 저량 변수는 통화량, 외환보유액 등과 같이 특정 시점에서 측정할 수 있다. 유량 변수는 국민소득, 국제수지 등과 같이 일정 기간 동안 측정되는 변수를 말한다. 재무제표에서 재무상태표는 특정시점의 재무상태를 나타내는 표이므로 저량 개념의 표이며 손익계산서는 일정기간의 경영성과를 나타내는 표이므로 유량 개념의 표다.

강물을 막고 있는 댐을 생각해보자. 댐의 저수량은 저량에 해당되고 1시간 동안 흘러내린 물의 양을 유량이라 할 수 있다. 그러니까 '나'라는 댐에 저장된 돈의 양은 저량이고, 내가 벌어들이는 돈은 유량이다. 매년 내가 벌어들이는 순이익(유량)을 모두 더하면 순자산(저량)이 된다.

1년에 1억 원, 2억 원을 번다고 해서 부자가 되는 것은 아니다. 그 돈을 댐에 쌓아야 부자가 될 수 있다. 한 마디로 부는 축적되는 것, 즉 쌓이는 것이다. 돈이 쌓이고 쌓여서 부자가 되는 것이기 때문에 부자란 '지금 돈이 많이 있는 상태의 사람'이라고 정의할 수 있다.

당신은 얼마를 가진 부자가 되고 싶은가

＊＿·＿＊

"돈이 얼마나 많이 있어야 부자라고 할 수 있을까요?"

‘부자학교’ 학생들에게 물었다.

10억 원, 30억 원이라고 대답하는 사람부터 100억 원, 500억 원이라고 대꾸하는 사람까지 가지각색이다. 부자의 기준이 주관적이기 때문이다. 물론 부는 쌓이는 개념이라 많으면 많을수록 큰 부자가 되지만, 10억 원이 있어야 부자라고 생각하는 사람은 10억 원을 벌면 행복하다. 100억 원, 500억 원을 부자라고 생각하는 사람은 부자가 되기 위해 그 만큼 열심히 벌면 된다.

그렇다면 객관적인 부자도 있을까? 간혹 여러 기관에서 설문조사를 한다. 총자산이 얼마나 있어야 부자라고 생각하는지, 현금성 자산이 얼마나 있어야 부자라고 생각하는지 등을 묻는다. 10년 전만 해도 10억 원이 있으면 부자라고 대답하는 비율이 높았다. 그러나 2019년 구인구직 매칭 플랫폼 사람인에서 성인남녀 4,111명을 대상으로 ‘부자의 기준’을 조사한 결과, 부자라고 생각하는 총 보유자산 규모는 평균 39억 원으로 집계됐다.

이 통계 또한 지역마다 다르다. 요즘 강남 집 한 채 가격이 40억 원이 훌쩍 넘는다. 그곳에 사는 사람들에게 39억 원으로 집 한 채를 소유한 사람을 과연 부자라고 부를 수 있을까. 해외여행을 가고 땅도 사고 주식투자도 해야 한다. 요즘 같은 세상에 여러 사람에게 인정받는 부자가 되기 위해서는 적게는 50억 원, 많게는 100억 원은 있어야 부자라고 할 수 있다.

남들이 인정해주는 객관적인 부자는 시대에 따라 기준액이 점점 올라간다. 현재는 50억~100억 정도 가져야 부자다. 반면 주관적인 부자는 스스로 결정하면 된다. 당신은 얼마 가지고 있는 부자가 되고 싶은가? 즉답을 바로 하지 못한다면 부자 되기에 관심이 없는 삶을 살아왔을지도 모른다.

부자가 되면 일하지 않아도 될까?

"부자가 되면 무엇을 하고 싶나요?"
역시나 '부자학교' 학생들에게 물었다.
그러자 너도나도 한 마디씩 한다.
"일 안 하고 놀고 싶어요!"
"일을 생계가 아닌 취미로 하고 싶어요."
"맛있는 것을 많이 먹고 싶어요."
"사고 싶은 걸 고민하지 않고 다 사고 싶어요."

수강생들의 대답 중에 이상한 대답이 있다. 바로 일 안 하고 놀고 싶고, 취미로 일하고 싶다는 대답이다. 일 안 하고 놀고 싶은 것은 당장 내일이라도 할 수 있다. 사표를 내고 다음 날부터 하루 종일 자면 된다. 이는 경제적 자유와 시간적 자유를 혼동해서 생기는 일이다. 경제적 자유가 생기면 먹고 싶은 것을 다 먹을 수 있고, 사고 싶은 것을 다 살 수 있다. 시간적 자유는 돈을 벌지 않아도 충분히 누릴 수 있다.

누구나 부자가 되면 일하지 않아도 된다고 생각한다. 아마도 그래서 너나할 것 없이 부자의 꿈을 꾸는 것일지도 모르겠다. 하지만 결론부터 말하자면 일에 대한 시간적 자유는 부자가 되는 것과 전혀 상관없다. 이러한 시간적인 자유를 누리고 싶다면 프리랜서로 활동하거나 실업자가 되는 것이 빠를지도 모른다.

물론 돈으로 시간을 사는 개념도 시간적 자유에 속할 수 있다. 사업가들 중에 비행기를 사거나 운전기사를 두거나 하면서 개인 시간을 아끼는 것을 볼 수 있다. 이는 돈으로 시간을 사는 개념이다. 하지만 부자가 되고 싶은 이유가 '일하기 싫은 것'과 부자가 되고 나니 '돈으로 시간을 살 수 있는 것'은 천지차이다.

그렇다면 부자가 누릴 수 있는 '경제적 자유'란 무엇일까. 가고 싶은 곳이 있다면 망설임 없이 갈 수 있고 사고 싶은 것이 있다면 무엇이든 살 수 있으며, 먹고 싶은 것은 언제나 먹고 하고 싶은 일은 언제나 할 수 있는 자유 말이다. 실제로 부자학교 학생들에게 돈이 생기면 무엇을 하고 싶은지를 조사해보면 가격을 보지 않고 음식을 먹거나, 가격을 보지 않고 옷을 사고 싶다는 대답이 정말 많다. 이것이 진정한 경제적 자유이고 부자가 누릴 수 있는 특권이다.

그냥 부자와 행복한 부자

부자는 현재 돈이 일정 금액 이상 있는 사람이고, 하고 싶은 것을 돈으로 할 수 있는 경제적 자유가 있는 사람이다. 부자가 되면 마냥 행복할까? 나의 대답은 '행복할 수도 있다.'이다. 그러니까 불행한 부자도 있다는 말이 된다.

행복한 빈자, 불행한 빈자도 있을 수 있다. 물론 확률적으로 부자 중에는 행복한 사람이 더 많고, 빈자 중에는 불행한 사람이 더 많지 않을까. 돈이라는 것이 물질적 풍요로움과 여유를 주는 것이어서 행복한 기분을 느끼게 할 때가 많다. 맛있는 음식을 먹거나, 좋은 여행지에서 훌륭한 호텔에서 자거나 할 때 얻는 행복감 말이다.

그럼에도 모든 부자가 행복한 것은 아니다. 주변을 둘러봐도 알 수 있다. 지인 중에 불행한 부자를 찾는 것은 어려운 일이 아니다. 행복이 물질로만 완성되고 채워지는 것이 아니기 때문이다.

'사랑', '평화', '화목', '만족', '나눔', 이런 돈으로 살수 없는 것들이 주는 행복이 경제적 자유의 물질적인 행복보다 훨씬 크게 느껴지는 사람들이라면 부자가 된다고 해서 행복하지 않을 수 있다.

행복한 부자가 되기 위해서는 노력이 필요하다. 몇 년 전부터 부자들 사이에서 인문학 열풍이 불었다. 음악이나 미술 등 예술에 관심을 갖는 이유가 행복을 위한 노력의 일환이다.

어쨌든 행복은 정신적인 측면에서 온다. 정신수양과 여가 활동 등을 통해 물질의 행복과 정신의 행복 사이에서 밸런스를 찾는 노력이 필요하다.

3
꿈을 이루는 부자공식 G×R

'내가 부자가 될 길은 없어'라는 한탄은 접어두고
부자가 될 나 자신을 만나러 가보자.
시작이 반이고, 첫 단추를 잘 끼워야 한다는데
부자가 된 나 자신을 만나기 위해서 가장 먼저 시작해야 할 일은 무엇일까?

언제든 부자를 만날 수 있다

다음의 네 가지 만남 중 하나만 이루어져도 부자가 될 수 있다.

① 부자인 부모님과의 만남
② 부자인 배우자와의 만남
③ 부자로 가는 특급 열차인 복권과의 만남
④ 부자가 된 자기 자신과의 만남

첫 번째 만남은 흔히 말하는 금수저에 해당하는 경우다. 우리나라의 경우 슈퍼 금수저에 해당하는 다이아수저가 다른 나라에 비해 많은 편이다. 미국과 우리나라의 상장기업 시가총액 순위를 비교해보면 알 수 있다.

우리나라의 경우 시가총액 상위 톱 10종목 중에 삼성그룹 3종목, LG그룹 2종목, SK그룹 1종목, 현대차그룹 1종목이 포함되어 있다. 부모에게 기업을 물려받지 않은 경우는 NAVER, 셀트리온, 카카오 세 종목뿐이다. 우리나라에 다이아수저가 얼마나 많을지 짐작할 수 있다.

반면 미국의 경우 애플, 마이크로소프트, 아마존, 구글, 페이스북까지 시가총액 1위부터 5위가 모두 창업주가 경영하는 회사다. 과거에 미국을 '기회의 땅'이라고 불렸다. 요즘 미국이 그런지는 잘 모르지만 한국이 '기회 불균형의 땅'인 것은 확실해 보인다.

부자인 부모님은 내가 선택하는 것이 아니니까 너무 실망하지 말자. 내가 선택할 수 있는 부자 배우자를 만나면 되니까 말이다. 우리는 언론을 통해서 아주 가끔 이런 기사를 볼 수 있다. '○○그룹의 사위는 바보온달.', '○○그룹의 며느리는 신데렐라.' 뭐 이런 종류의 찌라시성 기사 말이다.

실제 과거에 유럽 어느 나라에서 '부자인 배우자 만나기'를 주제로 한 책이 베스트셀러에 오른 적이 있다. 물론 책을 쓴 사람도 읽는 사람도 실제 일어나지 않을 일이라고 생각했을 테지만 말이다.

부자인 부모님도, 부자인 배우자도 만나기 힘들다는 것을 알게 되면 이제 매주 복권당첨 꿈을 꾼다. 그러나 인생도 호락호락하지 않지만, 복권당첨은 더 쉽지 않다. 로또복권이 당첨될 확률은 비오는 날 벼락 맞을 확률보다 낮다. 심지어 우리나라 복권은 기댓값이 50% 정도로 복권을 사면 확률적으로 손해다. 가령 만 원어치의 복권을 샀다면 평균 당첨금은 5천 원이니 복권을 사는 순간 손해임은 분명하다. 물론 누군가는 1등에 당첨되겠지만 말이다.

예전에 어느 대학교수가 "기댓값이 50%에 불과한 게임인 복권을 사는 사람은 가난할 수밖에 없다."라고 쓴 글을 본적 있다. 나는 이 글을 보고 굉장히 화가 났다. 마치 "빵이 없으면 케이크를 먹으면 되지."라는 프랑스의 왕비의 말과 같다고 느꼈다.

사실 복권을 매주 1만 원씩 사는 사람은 기댓값이 50%인 투자자산에 투자한 것이 아니라 매주 1만 원으로 마지막 남은 부자의 꿈을 산 것이기 때문이다. 복권을 사기 때문에 가난한 게 아니다. 가난하기 때문에 복권을 사는 사람들을 부자가 비난할 필요는 없다. 매주 복권을 사면서 희망을 얻고 그 힘으로 일주일을 사는 것이다. 그 희망을 함부로 대해서는 안 된다고 생각한다.

금수저가 아니고 부자인 배우자를 만나지 못하고 복권에 당첨되지 못한 사람은 어떻게 부자가 될 수 있을까? 다행히 언제든 부자를 만날 수 있다. 우리에겐 마지막 만남이 남아 있다. 바로 부자가 된 나 자신과의 만남이다. '내가 부자가 될 길은 없어'라는 한탄은 접어두고 부자가 될 나 자신을 만나러 가보자.

시작은 반이고 첫 단추는 잘 끼워야 한다. 부자가 된 나 자신을 만나기 위해서 가장 먼저 시작해야 할 일은 무엇일까?

10년 안에 100억 가진 부자

부자가 되기 위해서 가장 먼저 해야 할 일은 목표를 세우는 일이다. 부자가 되기 위해서 정하는 목표는 '달성 가능하지만 되도록 높고 구체적'이면 좋다. 올림픽에 출전하는 선수를 떠올려보자. 과연 그들 중에 막연하게 메달을 따겠다는 생각만으로 임하는 사람이 있을까? 대회 전까지 어떤 기록을 위해 얼마 동안 어떻게 연습해나갈 것인지 구체적인 계획을 설정하고 최대한 딸 수 있는 메달의 색깔을 구체적으로 정하는 선수만이 올림픽 메달리스트가 될 수 있다.

부자가 되기 위한 목표를 세울 때도 동일하게 적용된다. 절대 막연하게 '나는 부자가 될 거야.'라는 목표를 떠올리면 안 된다. 나는 목표를 어떻게 세울지 묻는 사람들에게 '달성하지 못할 것 같지만 죽도록 노력하면 달성 가능할 목표'를 세우기를 권한다.

목표를 세우려면 앞에서 공부한 현재 '얼마'를 가지고 있는 사람이 부자라는 말을 기억하자. '얼마'를 가진 부자인지는 주관적이다. 본인이 맘대로 결정하면 된다. '얼마'를 가질지 목표를 세웠다면 '언제'

부자가 되어 있을지 결정해야 한다.

부자 되기 위한 목표에는 얼마를 모을지 구체적인 금액과 언제까지 그 돈을 모을 것인가 하는 기간이 반드시 들어가야 한다.

부자학교를 하면서 학생들에게 내가 생각하는 표준적인 목표를 설정해서 제시한 적이 있다. 바로 '10년 동안 100억 부자 되기'다. 금액이 100억 원인 이유는 강남 집값이 너무 올랐기 때문이다. 50억짜리 강남 집이 많아졌다. 이 말은 경제적 자유 중에 가장 중요한 거주의 자유를 누리는 부자가 되려면 100억 원은 있어야 된다는 의미다.

기간을 10년으로 한 이유가 있다. 100억 원이라는 돈을 10년 미만의 기간에 벌기는 굉장히 힘들다. 반대로 10년이 넘는 기간은 너무 긴 시간이다. 때문에 기간을 정할 때 10년이 넘으면 오늘 열심히 살 수 있는 동기부여가 약해진다. 독자 여러분들 중에 부자 되기 위한 목표인 금액과 기간을 설정하지 않았다면 '10년 안에 100억 부자 되기' 프로젝트를 오늘부터 시작해보자.

부자 되기 프로젝트의 첫 단계인 목표를 설정했다면 매일 아침 거울을 보고 미래에 부자가 될 나를 머릿속에 그려보며 외쳐보자.

"나는 10년 안에 100억 부자 될 거야!"

실제 해보면 이 문장 하나가 얼마나 큰 동기부여가 되고 하루의 생활에 얼마나 상큼한 비타민이 되는지 확인할 수 있다.

부자도 모르는 부자공식 G×R

꿈을 꾸고 목표를 세웠다면 조금 더 구체적인 계획을 짤 필요가 있다. 그런데 계획을 짜려 했더니 어떻게 부자가 되는지 그 과정을 알수가 없다. 아니 그 과정을 거쳐서 부자가 된 사람들이 서로 너무나 다른 말을 한다.

어떤 부자는 사업부터 하라고 한다. 어떤 부자는 부동산투자를 권한다. 어떤 부자는 주식투자를 하라고 하고 또 어떤 부자는 묵묵히 회사를 다니라고 한다. 어떤 부자는 영업이 최고라고 하고 어떤 부자는 프리랜서가 되라고 한다. 그리고 어떤 부자는 창의성을 기르라고 하고 어떤 부자는 열정을 강조한다. 어떤 부자는 부자를 모방해야 한다고 한다. 그래서 도대체 어쩌란 말일까.

우리가 학문을 배우는 이유는 '이런 경우에는 이렇고 저런 경우에는 저렇고'에 대한 넋두리가 아닌 '진리이자 원칙'을 익히기 위해서다. 모든 학문에 원칙과 그에 따른 예외가 존재하는 이유다.

그런데 '부자학'이 없으니 부자 되는 원칙도 없고 부자가 된 한 사람의 개인 경험담에 근거해서 부자가 되는 방법을 유추해야 한다. 각기 부자가 된 과정이 제각각이니 너무나 서로 말들이 다르다.

그래서 원칙이란 게 존재한다. 심지어 예외가 없는 원칙이다. 우리는 이것을 공식이라고 부른다.

누구도 토를 달수 없는 부자공식 G×R은 이렇게 탄생했다. 부자

공식에 대해 차근차근 설명해보겠다.

다음은 돈의 미래가치를 구하는 공식이다.

$$FV=PV\times(1+R)^n$$

얼핏 보면 난해한 수학 공식처럼 보이지만 전혀 어렵지 않다. 많은 학문이 그렇지만 감정이입을 하고 현실을 대입하면 이해하기 매우 쉽다. 이 공식에서 FV Future Value는 미래가치, PV Present Value는 현재가치다. R Rate은 이자율 혹은 수익률이다. n은 기간을 의미한다.

당신에게 지금 100만 원(PV)이 있다. 과거에는 은행에 맡기면 이자율이 10%가 넘었다. 과거처럼 10%(R)의 이자를 받을 수 있어서 1년(n) 동안 은행에 저축했다. 이때 당신의 FV값은 얼마일까. 계산은 쉽다.

$$100만 원\times(1+0.1)\times1=110만원$$

이 미래가치를 계산하는 공식의 의미는 오늘의 돈과 내일의 돈이 다르다는 것이다. 자 이제 이 미래가치 계산 공식에서 부자공식 G × R을 도출해보자.

$$FV=PV\times(1+R)^n$$

부자는 특정 시점에 특정 금액을 가진 사람이라고 정의했다. 그리고 앞에서 부자의 목표를 세울 때 자기 자신이 몇 년 후에 얼마가진 부자가 될지 구체적으로 결정하라고 했다.

10년 후에 100억 부자 되는 것으로 목표를 세웠다면 FV(100억 원)와 n(10년)은 변하지 않는 상수가 된다. 그렇다면 공식에서 남아 있는 변수는 PV와 R이다. 즉, PV값과 R값을 이용해서 ○년 안에 ○○원 가진 부자가 될 수 있다. 당연히 PV와 R이 클수록 부자 목표를 달성할 확률은 커진다.

위에서 미래가치 공식을 숫자로 예를 들어 설명했지만 요즘 은행 이자율은 1%고 과거의 이자율은 10%이었다. 1%와 10%는 1년 후에 원금 100만원이 101만원이 되는 것과 110만원이 되는 것의 차이다. 이제 과거처럼 은행이자를 받을 수는 없다. 그래서 은행 상품이 아닌 투자를 통해서 투자수익률 R값을 높여야 한다.

그렇다면 남은 변수는 PV값이다. 바로 현재가치이며 본인이 현재 가지고 있는 돈이라고 정의할 수 있다. 본인이 현재 가지고 있는 돈의 액수는 정해져 있다. 다만 다음해 초 PV는 달라질 수 있다. R에 의해서 1년 후의 PV가 달라지는 경우도 있고, PV 자체가 변화할 수 있다. 이를테면 상속, 증여, 복권당첨이라는 사건이 발생한다면 PV값이 달라질 수 있다. 그리고 매년 연간소득이 자산화 되는 부분이 있을 것이다. 따라서 소위 말하는 흙수저로서 부자가 된 자기 자신을 만나기 위해서는 매년 연간소득을 높여야 한다.

부자공식이 도출됐던 공식을 조금 더 구체적으로 표현하면 다음과 같다.

$$FV = 현재순자산×(1+R)^n + 현재순소득×(1+G)^n×(1+R)^n$$

일시금의 미래 가치　　　　　　　연금의 미래 가치

　이 공식에서 FV값은 나의 목표금액, n값은 목표기간으로 자신이 정한 상수다. 또한 현재순자산은 현재의 재산 상태이므로 역시 정해져 있고 현재의 순소득도 마찬가지다. 즉 현재의 상황이므로 이미 그 숫자는 정해져 있다. 만약 현재순자산이 크다면 현재 부자인 상태일 수도 있고, 현재순소득이 크다면 현재 고소득자인 것으로 부자 되는 출발점에서 남들보다 한발 앞에 서 있는 사람이라 할 수 있다.

　따라서 유일한 미래의 변수는 G와 R이다. 여기서 G는 소득성장률이고, R은 투자수익률이다. FV와 n의 설정은 자유이고, 현재순자산과 현재순소득은 현실이지만 G와 R은 부자가 되기 위한 의무다. FV값을 크게 할수록 그리고 n값을 작게 할수록, 또는 현재순자산과 현재순소득이 낮을수록 더 높은 G값과 R값을 추구해야 하는 것은 너무도 당연하다. 그래서 부자공식이 도출된다.

부자=G×R

부자공식을 이용해서 부자 되기

지금 가진 게 없다면 더더욱 부자 되기 위해 G값과 R값을 높여야 한다. 여기서 G는 'Growth'의 이니셜이다. '소득성장률'을 의미한다. 순소득은 수입에서 지출을 뺀 금액으로 나의 순소득이 매년 얼마나 높아지는지에 대한한 비율이다. 물론 지출이 일정하다고 한다면 수입성장률일 수도 있으니 쉽게 말하면 '몸값'을 높이자는 의미로 해석할 수도 있다.

R은 'Rate'의 이니셜로 '투자수익률'을 의미한다. 부자공식 G×R이 나타내는 것은 부자가 되는 유일한 방법은 소득증가율(G)과 투자수익률(R)을 최대한 많이 높이는 것뿐이다. 소득증가율과 투자수익률은 어떻게 높일 수 있을까.

먼저 G값부터 살펴보자. 연간소득은 연간수입에서 연간지출을 뺀 금액이다. G값을 높이기 위해서는 매년 수입을 늘리고 지출을 줄이는 노력을 해야 한다. 수입을 늘리는 가장 좋은 방법은 자기계발을 통해 본인이 잘하는 일을 직업으로 선택하는 것이다. 지출은 수입이 한도이지만 수입에는 한도가 없으므로 수입을 늘리는 것이 G값을 높이는 데 훨씬 중요하다.

수입을 올리는 방법에는 연봉을 올리거나 사업소득을 올리는 방법이 있다. 특히 가장 큰 부자는 단순한 사업소득의 증가가 아닌 법인의 출자자로서 법인의 기업가치를 동시에 올리는 사업가들이므로 본인이 잘 할 수 있는 사업이 무엇인지 늘 생각하기 바란다.

R값을 높이기 위해서는 어떻게 해야 할까. 위험을 감수해야 한다. R값을 높인다는 것은 은행 이자와 같은 무위험 이자율보다 높은 투자수익률을 찾아야 한다는 의미다.

여기서 우리는 위험과 수익률의 상관관계를 생각해볼 필요가 있다. 재무관리에서 하이리스크 하이리턴은 가장 중요한 개념으로 알려져 있다. 주식투자는 하이리스크 하이리턴, 은행은 로우리스크 로우리턴이라고 생각하면 편하다. 한 마디로 위험을 감수할수록 수익률이 높아진다는 말이다. 따라서 부담할 수 있는 수준의 위험을 선택해서 R값을 높여나가면 된다.

부자공식 G×R은 우리가 앞으로 이룰 수 있는 부의 크기도 계산해주는 기능이 있다. 현재 나의 G값과 R값을 곱하면 내가 이룰 수 있는 부의 크기가 나온다.

예를 들면 G값이 5%이고, R값이 2%이면 10억이다. G값이 10%이고, R값이 10%이면 100억이다. 100원 억 부자가 되기 위해서 G값과 R값을 10% 이상 확보해야 한다. 물론 이 계산법은 아주 약식이므로 적은 금액으로 계산되었다고 낙심하지 말고, 큰 금액으로 계산되었다고 자만하지 말자. 핵심은 G값과 R값이 부자가 되는 데 그만큼 중요하다는 것이다.

4
부자 만드는 시스템이 있다

부자가 되는 길 3단계

  부자가 되기 위한 출발점은 개인마다 제각각이다. 어떤 이는 부모의 부를 이전 받아서 현재순자산이 많은 상태일 수도 있고, 어떤 이는 고소득자로서 현재순소득이 많은 상태일 수도 있다. 하지만 자본주의를 살아가면서 현재순자산이 없고 현재순소득이 낮다고 한탄만해서는 안 된다. 오히려 본인의 현재순자산과 현재순소득을 정확히 계산하고 문제점을 파악한 후에 미래의 순자산과 순소득을 높이는

1교시: 부자는 부자의 마음으로 부자 공부를 한다

계획을 세우고 실천하는 것이 부자가 되는 길이다.

앞서 공부한 부자공식을 이용해서 '부자가 되는 길'을 쉽게 설명하면 다음의 3단계로 구분해볼 수 있다.

$$FV = 현재순자산 \times (1+R)^n + 현재순소득 \times (1+G)^n \times (1+R)^n$$

일시금의 미래 가치 　　　　　　　　　　연금의 미래 가치

1단계 목표 설정 : 목표금액 FV와 목표기간 n 설정하기
2단계 현재 상태 파악 : 현재순자산과 현재순소득 파악하기
3단계 G와 R 높이기 : 소득성장률 G와 투자수익률 R 높이기

1단계인 '목표 설정'의 중요성은 앞에서 설명했다. 꿈을 꾸지 않으면 꿈을 이룰 수 없고, 목표를 설정하지 않으면 목표를 달성할 수 없다. 아직 부자 목표를 구체적으로 세운 적이 없는 독자들에게 '10년 안에 100억 부자 되는 목표'를 다시 한 번 추천한다.

2단계인 '현재 상태 파악'은 "너 자신을 알라."는 소크라테스의 명언을 떠올리지 않더라도 부자가 되는 과정에서 매우 중요하다. 그렇다면 현재순자산과 현재순소득은 어떻게 파악할 수 있을까? 이 방법은 '개인 재무상태표'와 '개인 현금흐름표'에서 파악할 수 있다. 또한 이 두 표를 통해 순자산과 순소득이 동시에 늘리면서 돈을 노예로 만드는 부자 시스템도 공부할 수 있다.

3단계인 'G와 R 높이기'는 부자 목표를 이루는 유일한 방법이므로 이 책 전반에 걸쳐 매우 구체적으로 설명할 것이다.

개인 재무상태표

개인 재무상태표와 개인 현금흐름표를 공부하기에 앞서 기업의 재무제표를 간단히 설명해보겠다. 재무제표란 기업의 재무상태와 경영성과 등을 나타내는 표로 재무상태표, 손익계산서, 현금흐름표 등을 뜻한다.

재무제표를 작성하는 목적은 기업의 이해당사자에게 정보를 제공하기 위해서므로 회계기준에 맞게 작성하고 신뢰성이 있어야 한다. 기업의 채권자나 주주들이 재무상태와 경영성과 등을 검토하기 위해 재무제표를 보는 것이기 때문에 누구나 읽을 수 있게 기준에 맞춰야 하며 외부 감사인에 의해 재무제표의 신뢰성을 높여야 한다.

반면 개인 재무상태표와 개인 현금흐름표의 작성 목적은 남에게 보여주기 위한 것이 아니다. 자신의 현재순자산과 순소득 파악을 위해 스스로 작성하는 것이다. 따라서 너무 어려운 방법으로 작성할 필요가 없다. 특히 기업 재무제표의 계정과목을 지켜야 할 필요는 전혀 없다.

일부 재무설계 전문가들이 이 점을 간과한 채 너무 어려운 작성법을 유지하고 있어서 개인 재무제표의 대중화에 걸림돌이 된다고 본다. 혼자 보는 개인 재무상태표와 개인 현금흐름표는 쉽게 작성해도 된다는 것을 다시 한 번 강조한다.

개인 재무상태표는 일정 시점의 자산과 부채를 작성해서 순자산을 나타낸 표다. 쉽게 말해서 지금 본인 돈이 얼마나 있는지를 보여주는 표다. 본인의 돈, 즉 순자산이 얼마인지 파악하기 위해서는 본인이 갖고 있는 자산에서 부채를 빼면 된다.

$$자산-부채=순자산$$

아래의 표는 개인 재무상태표를 간단히 나타낸 것이다. 표의 왼쪽에는 자산을 정리하고 오른쪽에는 부채를 정리하면 그 차액이 순자산이 된다.

개인 재무상태표	
자산	부채
현금성자산 (금융자산)	단기부채 (1년 미만)
주식	장기부채 (1년 이상)
부동산	순자산
연금자산	
보장자산	
사용자산*	

*   사용자산: 현재 사용하고 있는 자산, 가치가 크고 판매가 가능한 자산으로 자동차, 회원권, 명품, 보석 등을 포함. 거주용 부동산은 제외함.

개인 현금흐름표

◆—·—◆

위에서 설명한 개인 재무상태표는 기업의 재무상태표와 비슷한 작성법으로 설명했다. 그렇다면 개인 현금흐름표도 기업의 현금흐름표와 비슷할까? 아니다. 엄밀히 말하면 현금주의에 의한 손익계산서라고 말하는 것이 더 정확한 표현일수도 있다.

기업의 경우 수익에서 비용을 뺀 이익을 계산하지만 개인의 경우 소득에서 지출을 뺀 순소득을 계산한다. 그리고 기업의 손익계산은 발생주의*에 의해 계산되지만 개인의 순소득계산은 현금주의**에 의해 계산된다. 그렇기에 손익계산서 대신 현금흐름표가 적합하다고 생각했다. 만약 기존 재무제표의 이름을 쓰지 않는다면 '현금주의에 의한 소득지출계산서'가 가장 의미에 부합하는 이름이다.

그리고 기업 현금흐름표에서는 손익계산과 무관한 현금흐름도 모두 기재해야 하지만 개인 현금흐름표에서는 순소득 계산의 목적이 크기 때문에 소득과 지출이 아닌 현금흐름은 기재할 필요가 없다. 다시 한 번 강조하지만 개인의 재무제표 작성의 목적은 자신의 순자산과 순소득을 파악하는 것이지 이해관계자에게 보여주는 것이 아니므로 목적에 맞게 쉽게 작성하면 된다.

---

*   발생주의: 기업의 기간손익을 계산함에 있어서 현금의 수수와 상관없이 손익이 발생했을 때 인식한다는 개념.

**   현금주의: 발생주의와 대비되는 말로 현금이 실제 오간 시점에 손익을 인식하는 개념.

개인 현금흐름표는 일정 기간 동안의 소득과 지출을 작성해서 순소득을 나타낸 표다. 쉽게 말해서 일정기간(예를 들면 1년)동안 얼마나 돈을 모았는지 정리한 것이다. 순소득이 얼마인지 파악하기 위해서는 내가 번 돈인 소득에서 내가 쓴 돈인 지출을 빼면 된다.

소득-지출=순소득

아래의 표는 개인 현금흐름표를 간단히 나타낸 것으로 표의 왼쪽에는 소득을 정리하고 오른쪽에는 지출을 정리하면 그 차액이 순소득이 된다.

개인 현금흐름표	
소득	지출
사업소득	고정지출
근로소득	변동지출
이자소득	
배당소득	
임대소득	순소득
연금소득	
기타소득	
양도소득	

돈의 노예가 되지 말고 돈을 노예로 만들기

많은 사람들이 부자 되기를 꿈꾼다. 그런데 막상 부자에 대한 인식은 그다지 좋지 않다. '부자가 되어 돈의 노예처럼 살지 말라'는 말이 있을 정도다. 사실 부자에 대한 인식이 좋지 않은 이유는 일부 부자들이 '노블리스 오블리제'라는 사회적 역할을 하기는커녕 갑질 논란, 금수저 논란 등 여러 문제를 일으켜서일 것이다.

하지만 부자가 싫다는 이유로 부자가 돈의 노예라고 생각하지는 말자. 사실 부자들은 돈을 자신들의 노예로 만드는 방법을 알고 있기

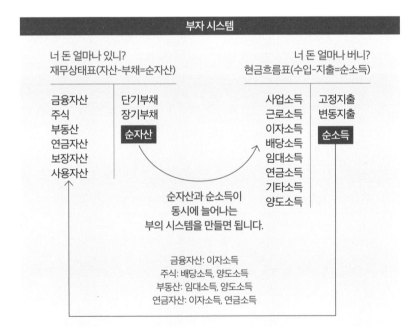

때문이다. '부자 시스템' 그림에서 어떻게 하면 돈이 나를 위해 열심히 일하는 부자 시스템을 갖출 수 있는지 이해할 수 있다.

'부자 시스템' 그림은 순자산과 순소득이 동시에 늘어나는 부의 시스템을 시각적으로 나타낸다. 위에서 공부했듯이 왼쪽의 재무상태표는 순자산을 파악하게 하고 오른쪽의 현금흐름표는 순소득을 파악하게 하는 표다. 또한 재무상태표는 특정시점이 작성 기준이고 현금흐름표는 일정기간이 작성 기준이라고 했다.

연초에 갖고 있던 자산들은 1년 동안 소득을 발생시킨다. 금융자산에서는 이자, 주식에서는 배당소득, 부동산에서는 임대소득이 발생한다. 이렇게 발생한 소득에서 지출로 소비하고 남은 나머지가 순소득으로 남는다. 이 순소득은 금융자산이나 주식, 부동산 등으로 자산화가 된다.

이렇게 자산화가 된 자산들은 1년 동안 소득을 발생시킨다. 순소득은 자산화가 되고 자산은 다시 소득을 발생시킨다. 아무것도 하지 않는데, 돈이 알아서 순소득을 늘리고 순자산을 늘리는 패턴이 반복되면서 자신을 부자로 만들어주는 것이다.

이를 부자 시스템이라고 한다. 순자산과 순소득이 동시에 늘어나는 부자 시스템을 만들어놓는 것이야말로 부자가 되는 지름길이라 할 수 있다.

당신은 돈의 노예로 살 것인가. 아니면 돈을 노예로 만들 것인가.

5

돈, 어떻게 벌고 관리할까

다양한 소득을 발생시키는 것도 중요하지만
큰 부자가 되기 위해서는 충분한 소득을 발생시켜야 한다.
소위 말하는 '몸값' 높이기의 최고의 방법은 무엇일까?

G를 높이기 위하여 고통을 감수하라

소득에서 지출을 빼면 순소득이다. 그리고 이 순소득은 순자산이
되어 나를 부자의 길로 인도해준다. 어떻게 하면 매년의 순소득이 높
아지는 소득성장률 G값을 높일 수 있을까?

순소득을 올리기 위해서는 소득을 늘리고 지출을 줄이면 된다. 그
러나 소득을 높이고 지출을 줄이는 일은 생각보다 쉽지 않다. 연봉이
1년 만에 두 배로 올라가는 것도 아니고 쓰던 돈을 하나도 안 쓰고

1교시: 부자는 부자의 마음으로 부자 공부를 한다

생활할 수는 없다. 당연히 순식간에 부자가 될 수 없다. 이 세상에 노력을 대신할 비법은 없다. 부자공식의 소득성장률 G값을 높이기 위해서는 뼈를 깎는 고통을 감수해야만 한다.

소득을 높이는 것과 지출을 줄이는 것 중에 어느 편이 더 쉬울까? 단언컨대 지출을 줄이는 것이 더 쉽다. 물론 지출을 줄이는 것도 어렵긴 하지만 소득을 늘리는 것보다는 쉽다는 말이다. 그 이유는 다음과 같다.

지출을 줄이려고 소비욕구를 자제해야겠다는 결심을 하는 것은 쉽지 않겠지만 굳은 결심을 하는 순간 효과가 바로 나온다. 평소 친구들과 커피 마시기나 술 마시기를 자주하고 있었다면 당분간 소비를 줄여야겠다고 결심하면 커피 지출 비용과 술 지출 비용이 그날부터 줄어드는 효과를 볼 수 있다.

반면 소득을 높이는 일은 왜 어려울까? 결심 한다고 효과가 바로 나오지 않기 때문이다. '오늘부터 소득을 높여야지.'라고 결심을 했다고 오늘부터 소득이 높아지는 것이 아니다. 소득을 높이기 위한 자기계발을 해야 할 시간이 필요하다. 조금 더 노골적으로 말한다면 지출을 줄이는 것은 손에 있는 돈의 사용을 줄이는 것이다.

내 돈을 내가 안 쓴다는데 어려울 것이 뭐가 있으랴! 소비욕구를 잠재울 수 있는 의지를 강하게 세우는 것만이 중요할 뿐이다. 반면 소득을 늘리는 것은 남의 손에 있는 돈을 자신에게 이동시키는 것이다. 어렸을 때부터 자주 들었던 말인데, 이제는 거의 속담 수준이 된

'남의 돈 먹기가 그리 쉬운가!'라는 문장을 머릿속에 담아 놓기 바란다. 세상에서 가장 어려운 일이 남의 돈 먹기다.

나는 해야 하는 일이 많아서 일의 우선순위를 정할 때 먼저 난이도와 중요도로 네 가지로 구분한다. 일을 먼저 해야 하는 순서는 쉽고 중요한 일, 쉽고 안 중요한 일, 어렵고 중요한 일, 어렵고 안 중요한 일이라고 생각한다. 쉬운 것을 빨리 시작하는 이유는 빨리 끝낼 수 있기 때문이다. 지출을 줄이는 것을 오늘 당장 시작하고 열심히 실천하여 해냈다는 자신감을 얻는다면 바로 소득을 높이는 일을 시작하자. 고기도 먹어본 사람이 먹고 목표도 달성해본 사람이 계속 달성한다.

그러면 지출 통제와 소득 증대 중에 부자가 되는 데 더 중요한 것은 무엇일까? 정답은 소득 증대이다. 지출 통제는 소득한도 내에서 줄일 수밖에 없지만, 소득 증대는 한도가 없다. 나의 현재 소득에서 0이 하나 나아가 0이 두 개가 붙을 수도 있다. 물론 중요하지만 어렵다. 어렵지만 부자가 되기 위해서 반드시 해야 할 일이므로 어떻게 소득을 늘릴 수 있는지 늘 고민하는 습관을 들여야 한다.

돈 버는 방법은 많다

소득을 늘리는 방법에는 두 가지가 있다. 기존 소득을 충분히 늘리거나 새로운 소득을 발생시키는 것이다. 이 두 가지 중에 경제학의 '한계생산체감의 법칙'*에 따라서 기존소득을 늘리는 것보다 새로운 소득을 발생시키는 것이 훨씬 쉽다. 이것이 요즘 젊은이들 사이에서 투잡, 쓰리잡을 넘어 'N잡러'가 유행하는 이유다. 물론 코로나19 이후 경제상황이 힘들어져서 취업이 더욱 힘들어지고 기존 급여가 줄어든 이유도 있지만, 과거에 비해 'N잡러'가 많아지는 이유는 전업이 아닌 부업으로 소득을 얻을 수 있는 기회가 많아지고 있기 때문이다.

생각해보자. 직장인이라면 흔히 소득이라고 하면 근로소득만을 떠올린다. 그러나 알다시피 소득의 종류는 다양하다. 앞에서 개인 현금흐름표의 우측에 소득은 세법에서 정한 소득을 약간 변형하여 8가지 소득으로 정리한 것이다.

사업소득, 근로소득, 이자소득, 배당소득, 임대소득, 연금소득, 기타소득, 양도소득이 8가지에 대해서 자세히 설명해보겠다. 독자들은 이 중에 아직 자신이 얻지 못하고 있는 소득이지만 노력하면 얻을 수 있는 소득에 대해서 고민해보고 실행에 옮기면 된다.

연금소득은 8가지 중에서도 성격이 특이한 소득이다. 지금 노력해서 바로 얻을 수 있는 소득이 아니고 노후에 일정 연령대부터 받을 수 있는 소득이다. 물론 그전부터 국민연금, 퇴직연금, 개인연금 등 3

---

*　　생산요소의 투입량이 증가함에 따라 생산량의 총량은 증가하지만 추가투입분에 대한 생산량의 증가분은 점점 감소하는 법칙.

층 보장 제도를 잘 이용하여 준비를 해야 얻을 수 있는 소득이다. 노후보장을 위한 필수소득이므로 뒤에 다시 한 번 설명하겠다.

이자소득, 배당소득, 임대소득 그리고 양도소득은 자산소득의 종류다. 즉 부자 시스템에서 설명했듯이 금융상품에서 이자소득, 주식에서 배당소득, 부동산에서 임대소득이 발생한다. 주식과 부동산을 매도할 때는 양도소득이 발생한다.

자산소득의 최대 단점은 아무리 재테크 공부를 열심히 해서 자산소득을 발생시키는 노하우를 알고 있다고 해도 시드머니가 없다면 시작할 수 없다는 점이다. 하지만 자산소득은 투자수익률과 직결되는 부자가 되는데 매우 중요한 소득이므로 아직 시드머니가 없거나 적더라도 얻기 위해 계속 준비해나가야 한다.

시드머니가 없는 상태에서 발생시킬 수 있는 소득은 사업소득과 근로소득 그리고 기타소득, 이 세 가지다. 사업소득은 사업자등록증을 내고 사업을 했을 때 얻을 수 있는 소득이다. 근로소득은 사업자등록이 되어 있는 개인 또는 법인에서 노동을 제공했을 때 생기는 소득이다.

기타소득은 사업이나 직장생활이 아닌 비정기적인 일에서 얻는 소득이다. 책을 써서 생기는 인세 수입, 강사로서의 수입, 개인 유튜브에서 얻는 수입 등이 기타소득에 들어간다. 이러한 세 가지 소득의 공통점은 자산에서 얻을 수 있는 소득이 아닌 일을 해서 얻는 소득이라는 것이다.

일을 해서 얻는 세 가지 소득을 단기간에 다양하게 발생시키는 것은 쉽지 않다. 특히 직장인의 경우 회사를 두 군데를 다니는 것은 거의 불가능하다. 따라서 최근 유행하는 'n잡러'의 경우처럼 직장을 다니면서 새로운 사업소득이나 기타소득을 발생시키려는 노력이 필요하다. 이것은 시간이 많이 걸리지만 계속 준비하고 노력하면 충분히 가능하다.

나는 〈슈퍼개미 이세무사TV〉라는 유튜브 채널을 운영 하고 있다. 구독자가 8만 명 정도인데, 한 달 수입이 직장인들의 월급에 가까워지고 있다. 내가 알기로는 직장인들이 투잡으로 유튜브를 운영하다가 전업 유튜버가 되는 기준이 구독자 10만 명 정도라고 한다. 그들은 원래 자기가 받고 있는 연봉에서 또 다른 연봉을 유튜브 채널을 통해 얻다가 자신의 근로소득보다 유튜브 수입이 커지는 시점에 퇴사를 고려한다. 유튜브 뿐만 아니라 SNS상에서 많은 사람들이 광고 등을 하며 부수입을 올리고 있으며 유명해질수록 부수입이 주수입으로 전환되기도 한다.

책의 저자가 되는 것도 마찬가지다. 저자들 중에서 책이 잘 팔린 이후 강사로 활동하고 있는 사람도 많다. 심지어 강사 활동을 하기 위해서 책을 쓰는 사람도 있다. 책을 내는 방법에는 두 가지가 있다. 출판사를 통한 기획출판과 저자 자신이 비용을 내고 출간하는 자비출판이다. 많은 저자들이 기획출판의 기회를 잡지 못했을 때 포기하지 않고 자비출판으로 새로운 기회를 잡는 경우를 봤다. '1인 미디어'와 '자비출판'의 시대가 된 것도 어찌 보면 'n잡러'의 시대인 것과 관계 있을지 모른다.

이처럼 내가 좋아하고 잘 아는 분야의 콘텐트를 만들어 책을 쓰고 유튜브를 시작한다면 충분히 추가적인 소득을 올릴 수 있다. 또한 좋아하는 제품을 온라인 스토어에서 판매하며 소득을 올릴 수 있다. 물론 당장은 힘들 수도 있다. 그러나 이 세상에는 시작을 안 해서 후회하는 일이 더 많고, 시작과 과정은 힘들지만 그 끝은 달콤한 일들이 너무나 많다. 힘든 시작을 하지 않으면 달콤한 끝이 없는 법이라는 사실을 기억하고 당장 시작하자.

'책 한 권 써봐야지.' 결심하고는 한 달 동안 10페이지 쓰고서 '내가 무슨 책을 써.'하고 포기하고 '유튜브를 해야지.' 계획을 짜고는 한 달에 구독자가 겨우 5명 늘어나면 '내가 무슨 유튜버야.' 하면서 포기하지 말자. 포기하지 않고 1년 이상 노력해서 책을 출판하고 유튜브 콘텐트를 열심히 만들어서 구독자가 수만 명이 된다면 다양한 소득을 벌어들이는 주인공이 될 수 있다.

충분한 소득을 올리기 위해

다양한 소득을 발생시키는 것도 중요하지만 큰 부자가 되기 위해서는 충분한 소득을 발생시켜야 한다. 소위 말하는 '몸값' 높이기의 최고의 방법은 무엇일까?

내 몸값을 '주식화' 하는 것이다. 내 몸값을 '주식화' 하는 방법은 두 가지가 있다. 첫째는 내가 주식회사를 창업하는 것이고, 둘째는 주식회사의 지분을 받고 일하는 것이다. 주식회사의 지분을 갖고 일하는 것과 월급을 받고 일하는 것은 천지차이다.

매달 안정적인 월급으로 생활비 걱정 없이 편안하고 안락한 삶을 살 수는 있겠지만 부자의 꿈이 실현되는 것은 쉽지 않다. 반면 주식회사의 지분을 갖고 일하는 것은 당장 생활비 걱정을 하고 살아야 할 수 있지만 미래에 부자의 꿈을 실현시켜주는 초석이 될 수 있다.

1990년대의 벤처 열풍부터 최근의 스타트업 열풍까지(벤처와 스타트업의 의미적 차이는 없음) 우리나라 아니 세계 경제의 한 축을 신규 창업자들이 이끌어왔다. 그 과정에서 20대, 30대 억만장자가 탄생했다. 20대, 30대에 100억 나아가 1,000억 부자가 될 수 있는 가장 높은 확률은 부동산투자나 주식투자보다 내 몸값을 주식화 하는 것이다. 세계적인 빅테크 기업인 아마존닷컴이나 페이스북 뿐만 아니라 페이팔, 스냅챗, 우버 등도 작은 신생기업에서 시작했다는 것을 명심하기 바란다.

물론 많은 축구선수 중에서 손흥민 선수처럼 월드클래스까지 올라가는 선수가 극소수이듯이 많은 스타트업 회사 중에 모든 창업가들의 꿈인 대박 수준의 엑시트까지 결과가 나오는 경우는 극소수다. 하지만 확률이 낮아도 확신을 가지고 도전하면 확률은 점점 높아진다는 것을 믿어보기 바란다.

충분한 소득을 발생시키는 방법으로 자기계발을 빼놓을 수 없다.

현재 내가 가지고 있는 직업에서 전문성과 확장성을 고민하고 연구하는 방법이다. 사업가라면 사업소득이 늘어날 것이고, 직장인이라면 근로소득이 늘어날 것이다.

우리나라의 직업군 중 굉장히 많은 사람들이 포함된 직군이 '영업직'이라고 한다. 영업은 매우 힘든데다가 다른 직종에 비해 소득편차가 굉장히 큰 것도 사실이다. 영업직은 기본급은 적지만 대부분 '+알파'의 수당이 있다. 수당제도는 잘하는 사람에게 더 많은 돈을 주는 것이다. 세무사로서 만난 분들 중에 무일푼에서 시작해 영업으로 성공하여 부자가 된 분들이 많다. 영업이야말로 노력한 만큼 결과가 나온다고 믿고 하루하루를 열심히 살아온 '영업의 신'들은 충분한 소득을 발생시킨다.

내 경우, 2007~2008년에 CFP 자격증을 획득한 후, 세무와 재무설계를 결합한 재테크 컨설팅을 전문적으로 하고 싶어 한 생명보험회사에서 재무설계사로 일한 적이 있다. 세무사와 CFP 자격증과 전문지식으로 무장하여 영업직에서 충분한 소득을 발생시킨 것이다.

요즘 'N잡러'가 유행한다는데, 어쩌면 나는 10년이 훨씬 넘는 그때 N잡러로 살았던 것이다. 그 당시 나는 세무법인 대표로서, 슈퍼개미로서, 재무설계사로서 밤에는 부동산 대학원 학생으로서 살았다.

이런 'N잡러'의 삶을 살아봤기에 이 책에서 '힘들지만 해봐. 충분히 가능해. 너라면.'이라고 자신 있게 말하고 있는지도 모른다. 그 당시 어렵게 배운 영업이 지금까지도 많은 도움이 되는 것을 느끼면서 왜 성공한 사람들 중에 영업직 출신이 많은지 깨달았다.

만약 젊은 시절 영업을 배우고 '+알파'의 수당을 위해 노력한다면 인생에 중요한 터닝포인트가 될 수 있다고 말해주고 싶다. 물론 영업을 포함한 모든 일에서 지금 소득보다 더 많은 소득을 얻는 것이 하루아침에 되는 일은 아니지만 하루하루의 노력이 쌓여 열매를 맺는 그날은 점점 다가온다고 믿는다.

지출 통제를 위한 좋은 방법들

앞서 말했지만 고소득자와 부자는 엄연히 다르다. 소득을 높이는 것이 부자가 되기 위한 과정 중에 매우 중요한 것이라면, 지출을 소득이하로 통제하는 것은 필수적인 일이다. 1년에 1억을 벌고 2억을 쓴다면 부자가 아닌 마이너스 인생을 사는 것이다. SNS에 명품 옷과 명품 시계로 치장한 후 허세 가득한 폼으로 슈퍼카를 자랑하는 몇몇 사기꾼들처럼 말이다.

지출을 통제하는 이유에 마이너스 인생을 살다가 신용불량자가 되는 것을 막기 위한 것도 있지만 보다 근본적인 이유는 부자가 되는 열쇠인 시드머니를 빨리 만들어내기 위해서다. 어떻게 지출을 통제해서 돈을 얼마나 모을 수 있는지 여부가 시드머니를 얼마나 크고 빠르게 만들어낼지를 결정한다.

앞서 말했지만 지출 통제가 소득 증대보다 훨씬 쉽다. 내 돈을 안 쓰는 것이 남 돈을 이동시키는 것보다 쉬울뿐더러 지출 통제는 즉각

효과가 나타나기 때문에 시작만 하면 계속 실행할 수 있는 원동력이 생기고 가속도가 붙기 때문이다. 그동안 지출했던 비용 중에 불필요하고 줄일 수 있다고 판단되는 비용을 줄여나가면 첫 달에 10만 원 절약이 가능하고, 두 번째 달은 20만 원 절약, 세 번째 달은 30만 원 절약이 가능하다.

그렇다면 지출 통제 즉 소비를 줄이는 비법은 있을까? 없다. 비법은 없지만 방법은 있다. 이 세상에 노력이라는 방법을 대신할 비법은 없다. 먹고 싶은 것 참고, 입고 싶은 것 참으면서 생활하는 방법밖에는 없다. 그래서 소득성장률 G값을 높이기 위해서는 고통을 참아야 한다고 표현한 것이다.

부자가 되면 가장 좋은 것이 경제적 자유인데, 부자가 된 이후의 경제적 자유를 얻기 위해서 지금 경제적 자유를 포기한다는 것이 어찌 보면 참 모순이다. 그래서 '욜로YOLO'가 한때 유행인지도 모른다. 참 달콤한 말이다.

"한 번뿐인 인생인데 현재를 즐겨야지. 오지도 않을 미래를 뭐 걱정하니?"

하지만 깊게 생각해보면 달콤하긴 한데 달콤한 악마의 속삭임이다. 한 번뿐인 인생 죽기 전까지 행복하게 살다 가는 것이 더 멋진 삶 아닌가?

젊을 때는 돈 없어도 행복한 일이 너무 많다. 반대로 나이가 들면 돈이 없으면 불행한 일이 너무 많다. 미래를 위해 현재의 소비를 아끼는 것이 '밸런스' 있는 인생을 사는 해법이다. 반대로 현재를 위해 미래의 돈을 포기하는 것은 '밸런스' 있는 인생을 포기하는 것 일수도 있다.

지출 통제를 위한 좋은 방법들을 몇 가지 제시해보겠다.

① 지출 통제를 당장 오늘부터 시작하자고 결심하자

시작이 반이니 부자의 과정 중에 반은 온 것이다. 맘만 먹으면 당장 이번 달에 10만 원 이상 줄일 수 있다.

② 지출 전에 늘 합리적인 소비인가 생각하자

커피값, 술값, 밥값 등 자주 쓰지만 꼭 필요하지 않거나, 돈을 아낄 수 있는 지출이 있다면 반드시 체크해놓자. 특히 술값, 옷값, 밥값은 지출 통제 중 쉽게 변할 수 있는 변동지출의 핵심 절약 포인트다. 술 마시지 않고 새 옷 안 입고 맛집 안 다니면 시드머니가 생기고 그 시드머니가 나를 부자로 만든다. 제발 믿자!

③ 가계부(현금흐름표)를 작성하자

인간의 기억력에는 한계가 있다. 시각적으로 보면서 반성해야 효과가 있다. 개인 현금흐름표가 어렵다면 일단 가계부를 작성하자. 어디서 돈이 새는지 바로 확인이 가능하다.

④ 3대 고정비인 세금, 대출이자, 보험료를 정밀 분석하자

위에 술값, 옷값, 밥값이 3대 변동지출 비용이라면 세금, 대출이자, 보험료는 3대 고정지출 비용이다. 변동비 통제를 위해 내 마음속 소비욕구만 통제하면 된다. 하지만 고정비 통제를 하려면 전문지식이 관건이다. 알면 줄일 수 있는 비용이 있는데 직접 열심히 공부하던지, 시간이 없다면 전문가의 상담을 받아야 한다.

⑤ 소득의 일정 부분을 먼저 빼고 나머지만 지출하자

'닭이 먼저냐? 달걀이 먼저냐?'는 문제는 인과관계에 의해서 답이 없는 딜레마일수 있지만, '소득에서 지출을 하고 나머지를 모을 것인가?', '소득에서 일정 부분을 모으고, 나머지만 지출할 것인가?'의 답은 명확하다. 최대한 많이 먼저 빼놓고 남은 것으로 무조건 살아보자. 원래의 생활과 별 차이 없이 생활할 수 있다는 것을 바로 확인하게 된다.

⑥ 교육비는 지출비용 아니라 소득 증대를 위한 투자다

아껴야 잘 살지만, 교육비를 아끼면 잘 살지 못할 수도 있다. 위에서 말했지만 지출 통제보다 더 중요한 것이 소득 증대며, 소득 증대를 위한 자기계발 비용은 엄밀히 말하면 투자기 때문이다. '몸값'을 올리기 위한 투자를 아끼자 말자.

6

고생해서 번 돈 어떻게 투자할까

우리는 어떻게 투자수익률 R을 높일 수 있을까?
학문적으로 그리고 현실적으로 위험을 감수해야 한다.

R을 높이기 위하여 위험을 감수하라

자산에서 부채를 빼면 순자산이 된다. 이 순자산은 매년 순소득을
발생시킬 수도 있고 소득을 발생시키지 못하더라도 순자산이 더 늘
어날 수도 있다. 자신이 살고 있는 집값이 1년 만에 1억 원이 올랐다
면 순자산이 순소득을 발생시키지는 않았지만 순자산이 1억 원 더
늘어난 것이다. 이러한 미실현소득은 차후에 살던 집을 양도하게 되
면 양도소득으로 현실화되는 것이다.

이렇듯 부자가 되기 위해서는 순자산으로 순소득을 발생시키거나 순자산을 계속 늘리기 위해서는 높은 투자수익률을 찾아야 하는데 공부가 되지 않은 상태에서는 잘 찾기가 힘들 뿐더러 찾더라도 너무 위험한 투자 대상이어서 투자가 망설여진다.

　우리는 어떻게 투자수익률 R을 높일 수 있을까? 학문적으로 그리고 현실적으로 위험을 감수해야 한다. G값을 높이기 위해서는 뼈를 깎는 고통을 감수해야 하는데, R값을 높이기 위해서는 위험만 감수하면 된다니 R값을 높이는 것은 너무 쉬워 보인다. 쉽다고 방심하지 말고 위험한 'R값 높이기'를 정확히 이해해서 힘들게 모은 내 순자산이 줄어드는 일이 없도록 해야 한다.

　투자에서의 위험은 '미래의 불확실성'이라고 이해하면 된다. 쉽게 말해서 원금 1억 원을 투자해서 1년 후 1억 2천만 원이 될 수도 있지만 8천만 원이 될 수도 있는 것이 위험이다. IMF 시기나 글로벌 금융위기 시기에 은행이 망하기는 했지만 통상적으로 은행은 망하지 않는다. 따라서 은행이자율을 무위험수익률이라고 할 수 있다.

　은행이자율보다 높은 채권수익률을 추구하면 은행에 저축한 것보다 조금 위험해진다. 실제로 회사채의 경우 상환불능위험이 존재한다. 채권수익률보다 더 높은 투자수익률을 추구하기 위해 주식이나 부동산에 투자한다면 채권투자보다 더 높은 수익률을 얻을 수 있지만 더 높은 위험을 감수해야 하는 것은 당연하다.

　초보 투자자에게 투자 공부는 기초다. 투자 공부를 한 후에는 그 기초를 방패로 삼고 투자수익률을 높이기 위해 위험을 감수하는 태도를 가져야 한다. 물론 우리 주변에는 이런 조언을 해줄 수 있는 사람은 많지 않다. 높은 수익률은 좋지만 높은 위험은 나쁘고 동일한 수익이 났을 때의 기쁨보다 동일한 손실이 났을 때의 슬픔이 큰 것은 인간의 본능이기 때문이다. 그렇다면 높은 투자수익률을 추구하면서 위험을 낮출 수는 없을까? 힘들게 모은 순자산을 위험에서 보호하는 방법은 없을까?

순자산 보호하는 포트폴리오 분산효과

'Portfolio'를 영어사전에서 찾아보면 서류가방, 작품집 그리고 주식투자에서 '유가증권 투자목록'을 뜻한다고 나온다. 그렇다. 여러분들의 계좌에 있는 종목들의 집합이 포트폴리오다. 나아가서 여러분들의 개인 재무상태표의 왼쪽에 적혀 있는 각각의 자산 모음이 포트폴리오다. 포트폴리오는 '묶음'을 뜻한다고 생각하면 편하다. 계좌에 있는 종목들의 묶음은 '주식 포트폴리오', 보유 부동산의 묶음은 '부동산 포트폴리오', 소유 자산들의 묶음은 '자산 포트폴리오'다.

그렇다면 포트폴리오 구축의 목적은 무엇일까? 바로 위험을 낮추는 포트폴리오 분산효과를 누리기 위해서다. 하나의 투자 대상보다 여러 개의 투자 대상에 투자를 하게 되면 같은 수익률을 추구하더라도 위험을 낮출 수 있다는 이론이 포트폴리오 분산효과다.

부동산투자에서 아파트, 토지, 상가 등의 투자 대상에 분산투자하거나, 주식투자에서 국내 주식, 미국 주식, 중국 주식 등의 투자 대상에 분산투자하면 위험이 낮아진다.

여기에는 조건이 있다. 투자 대상의 가격 움직임의 상관관계가 낮아야 한다. 가격변동이 비슷한 투자 대상에 분산투자하면 분산효과가 낮고, 가격변동이 서로 다른 투자 대상에 분산투자하면 분산효과가 높게 나타난다.

최적의 자산 포트폴리오를 구성하라

개인 재무상태표		
자산	**장점**	**단점**
현금성자산 (금융자산)	이자소득 발생 다양한 상품 선택 가능	투자 기간이 짧다 낮은 수익성
주식	배당소득 발생 미래의 양도 소득 발생	전문 지식이 필요하다 낮은 안정성
부동산	임대소득 발생 미래의 양도소득 발생	투자 금액이 크다 낮은 유동성
연금자산	연금소득 발생 은퇴 이후의 노후 보장	투자 기간이 길다 낮은 수익성
보장자산	보험금 발생 발생가능한 위험에 대비	해약환급금이 원금보다 적을 수 있다
사용자산	사용할 수 있음 소유욕구 충족	자산의 비용화가 진행 투자가 아닌 소비

'개인 재무상태표' 그림은 개인 재무상태표에서 각 자산 항목들의 장단점을 정리한 표다.

이렇게 각 자산은 장점과 단점이 있다. 이런 장단점을 고려해서 만드는 최적 포트폴리오는 어떻게 될까? 자산 포트폴리오에서 사용자산은 낮을수록 좋다. 사용자산이 내가 산 가격보다 더 비싸게 오르는 경우는 거의 없고, 감가상각을 고려한다면 소비에 가깝다.

다음으로 연금과 보장성보험은 위험 대비와 노후보장을 위한 자산이므로 자산 비중에서 너무 많은 비중을 차지할 필요는 없지만 적정 비중은 반드시 있어야 한다. 따라서 최적 포트폴리오에는 적은 비중의 사용자산과 적정 비중의 연금이 있어야 한다.

최적 포트폴리오에서 현금성자산(금융자산)과 주식 그리고 부동산의 비중은 어떻게 조절해야 할까? 부의 크기와 나이 그리고 위험에 대한 성향에 따라 달라진다고 본다. 나이가 어리고 축적된 부가 작고 공격적인 성향의 사람은 금융자산의 비중을 낮추고 주식 비중을 높이는 것이 좋다.

반면 내 집 마련이 가능한 수준의 부가 축적된 보수적인 성향의 중년이라면 주식 비중을 낮추고 부동산 비중을 높이는 것이 좋다. 공통적으로 중요한 것은 자신의 강점을 살리는 것이다. 금융자산과 주식, 부동산 중에서 지식과 경험이 가장 많은 분야에 투자 비중이 높은 것이 좋다.

최근 부자늘의 최적 포트폴리오의 특징을 보면 금융자산의 비중이 낮아지고 주식과 부동산투자의 비중이 높아지고 있으며, 특히 해외 자산에 대한 선호도가 올라가고 있는 경향을 보이고 있다.

최적 포트폴리오에 투자 비중의 정답은 없다. 개인의 지식과 경험 그리고 상황에 맞게 최적 포트폴리오를 구성해야 한다.

빚내서 투자, 무조건 나쁠까

순자산은 자산에서 부채를 뺀 값이기 때문에 순자산을 높이기 위해서는 적정 부채 관리를 필수적으로 해야 한다. 적정한 부채란 부채가 무조건 없어야 된다는 말과는 다르며 적정 규모의 부채 관리를 잘 한다면 순자산을 높이는 데 도움이 될 것이다.

적정 규모의 부채관리를 이해하기 위해서는 레버리지를 이해해야 한다. 사실 부채관리에서 가장 중요한 것이 레버리지에 대한 이해와 사용이라고 해도 과언은 아니다. 빠르게 부자가 되고 싶은 독자들은 특히 레버리지를 잘 이용해야 한다.

'레버리지'는 영어단어로 지렛대라는 뜻이며, 재무관리에서는 영업 레버리지와 재무 레버리지라는 단어가 있는데, 조금 어려운 개념이므로 투자세계에서 통상적으로 사용되는 레버리지로 설명하겠다.

투자를 함에 있어서, 총투자액 부채 비중이 높으면 레버리지의 정도가 높다는 뜻이다. 레버리지의 정도가 높을수록 투자성공에 대한 투자이익이 기하급수적으로 늘어난다. 1억을 투자해서 20% 수익인 2천만 원의 투자이익이 나는 경우가 있다고 했을 때 레버리지 정도에 따른 투자수익률의 크기는 아래 표와 같이 달라진다. 부채에 대한 이자율은 5%로 가정하고 투자수익률은 순이익을 자기자본으로 나눈 값으로 반올림한다.

투자이익 발생 시 레버리지 효과

총투자액	자기자본	부채	총이익	이자	순이익	투자수익률
1억 원	1억 원	0	2천만 원	0	2,000만 원	20%
	8천만 원	2천만 원		100만 원	1,900만 원	24%
	6천만 원	4천만 원		200만 원	1,800만 원	31%
	4천만 원	6천만 원		300만 원	1,700만 원	43%
	2천만 원	8천만 원		400만 원	1,600만 원	80%

표에서 알 수 있듯이 내 돈으로만 투자했을 경우에 20%의 투자수익률이 발생했는데, 자기돈 2천만 원과 부채 8천만 원을 합해 투자했을 경우에 80%의 투자수익률이 발생했다. 레버리지의 정도가 강할수록 투자성공 시에 투자수익률은 기하급수적으로 증가한다.

그렇다면 요즘 유행하는 '영끌*'과 '빚투**'처럼 레버리지를 최대한 쓰는 것이 무조건 좋은 것인가? 이번에는 투자 실패가 나왔을 때 레버리지가 어떻게 악마의 속삭임으로 변하는지 역시 표를 살펴보

---

*　　영혼까지 끌어다 대출을 받는다는 뜻의 신조어.
**　　빚내서 투자한다는 뜻의 신조어.

자.

1억 원을 투자해서 20% 손실인 2천만 원의 투자손실이 나는 경우가 있다고 했을 때, 레버리지 정도에 따른 투자수익률의 크기는 아래 표와 같이 달라진다. 부채에 대한 이자율은 5%로 가정하고 투자손실률은 순이익을 자기 자본으로 나눈 값으로 반올림한다.

투자손실 발생 시 레버리지 효과						
총투자액	자기자본	부채	총손실	이자	순손실	투자손실률
1억 원	1억 원	0	2천만 원	0	2,000만 원	-20%
	8천만 원	2천만 원		100만 원	2,100만 원	-26%
	6천만 원	4천만 원		200만 원	2,200만 원	-37%
	4천만 원	6천만 원		300만 원	2,300만 원	-58%
	2천만 원	8천만 원		400만 원	2,400만 원	-120%

표에서 알 수 있듯이 내 돈으로만 투자했을 경우에 -20%의 투자손실률이 발생했는데, 자기 돈 2천만 원과 부채 8천만 원을 합해 투자했을 경우에 -120%의 투자손실률이 발생했다.

레버리지의 정도가 강할수록 투자를 실패했을 때 투자손실률은 기하급수적으로 증가한다. 특히 -120%는 원금 전부를 손해보고도 갚아야 할 빚이 생겼다는 뜻으로 '깡통계좌'나 '깡통아파트' 등이 이에 해당한다.

위의 두 표에서 우리는 레버리지에 대해 이해할 수 있다. 우리가 어렸을 때는 빚내서 투자하면 절대 안 된다고 배웠다. 하지만 그 당시 거의 모든 부자와 기업들은 빚을 내서 투자를 하던 시기였다.

이처럼 부채를 사용하는 것 즉 레버리지를 사용하는 것이 무조건 나쁜 것은 아니다. 상황에 따라 굉장한 기회를 주는 것은 명확하다. 다만 그 달콤한 과실을 얻기 위해서 적은 손실률로도 원금을 다 잃게 되는 위험이 있다는 것을 반드시 알아야 한다.

적정한 부채관리를 하는 방법은 다음과 같다.

① 부채관리는 나의 순자산을 유지하기 위한 필수 수단이다.

'자산-부채=순자산'의 공식에서 알 수 있듯이 자산과 부채의 비율은 순자산 구성에서 매우 중요하다. 자산관리에만 치우친 채 부채관리를 안하다 보면 지나치게 비싼 이자를 부담하게 되거나 부채가 자산을 초과하게 되는 경우도 있으므로 부채관리에 신경써야 한다.

② 언제나 부채가 자산보다 적어야 한다.

기업의 경우 자산에서 부채를 빼면 자본이라고 하는데, 부채가 자산보다 커지면 자본잠식이라고 한다. 주식투자라면 알겠지만, 자본잠식기업은 회생하지 못하는 경우에 상장폐지 절차를 밟게된다. 주식은 휴지가 되고 기업은 사라지게 된다. 개인의 경우 부채가 자산보다 크면 원금과 이자를 갚지 못하게 되며 신용불량자가 된다.

③ 자산 대비 부채비율인 레버리지를 이해해야 한다.

위에서 싶게 설명했는데, 요약하자면 대출이자율보다 높은 투자수익률이 기대되는 경우에 한해서 사용해야 하며, 너무 위험한 투자 대상에는 사용하지 않기 바란다. 또한 빚내서 투자하면 망한다는 생각을 아직도 갖고 있다면 바꾸기 바란다. 빚내서 투자하면 투자이익이 클수록 유리하고 투자손실이 클수록 불리하다. 물론 투자결과는 아무도 모르고 시간이 지나야 알지만 말이다.

④ 대출 가능한 금융권에서 가장 낮은 금리를 이용한다.

가장 지출이 큰 고정비중 하나인 대출이자를 관리해야 한다. 어느 금융기관에서 언제 대출을 받았는지, 지금 시점에서 더 낮은 대출금리를 적용받을 수는 없는지 정기적으로 점검하여 보다 낮은 금리로 대출 갈아타기를 적정한 시점에 할 필요가 있다.

7
지금 당장 키우는 부자 나무

보험상품을 통해 뿌리를 튼튼히 하고
부동산과 주식투자로 줄기를 풍성하게 만들고
세무와 상속 지식을 미리 준비하고
컨설팅을 받는다면 진짜 부자가 된 것이다.

나는 집에 부자 나무가 있다

씨앗을 땅에 심으면 뿌리를 내린다. 시간이 지나면서 어엿한 나무
로 성장한다. 나무가 튼튼하게 오래 살기 위해서는 뿌리가 튼튼해야
한다. 건강한 나무는 열매도 풍성하게 맺을 수 있다. 1,000년이 넘은
양평 용문사의 은행나무도 처음에는 작은 씨앗이었으리라. 사람의
인생도 마찬가지다. 작은 씨앗이 큰 나무가 될 수 있고, 뿌리가 튼튼
한 사람이 모진 태풍도 견디고 풍성한 열매를 맺을 수 있다.

나에게 부자 수업을 듣는 학생들이 가끔 묻는다.

"어떻게 부자가 되셨어요?"

그러면 나는 대답한다.

"집에 부자 나무가 있어요!"

농담이지만 어떻게 보면 틀린 말이 아니다. 부자가 되는 과정은 나무에 비유할 수 있다. 돈은 씨앗과 같다. 씨앗을 땅에 묻으면 점점 성장해 나무가 되듯이 부자가 되려면 작은 시드머니가 무럭무럭 잘 자라야 한다.

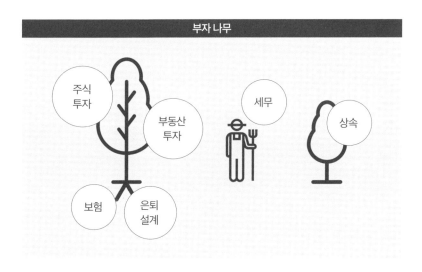

부자 나무

뿌리 깊은 부자는 위기에 흔들리지 않는다

"뿌리 깊은 나무는 바람에 흔들리지 않는다."는 말은 누구나 들어 봤을 것이다. 반대로 뿌리가 강하지 않은 나무는 바람에 뿌리 채 뽑히고 만다. 부자가 되기 위해서는 뿌리가 튼튼해야 한다. 뿌리가 탄탄하지 않은 사람은 작은 경제 위기에도 흔들리고 만다.

부자 되기 위해 우리가 튼튼하게 내려야 할 뿌리는 두 가지가 있다. 위험한 상황을 극복할 보장 자산인 보험과 노후 대비를 위한 연금이다. 우리가 돈을 버는 이유 중 하나가 미래를 대비하기 위해서다. 오늘 하루 먹고 살기 위해서는 통장에 몇억 원씩 있을 필요가 없다. 그런데 갑자기 큰돈이 필요한 불안한 미래의 위험에 대비하기 위한 금융상품이 있다. 바로 보험이다. 보험 회사에서는 우리가 닥칠 위험에 준비를 가능하게 해준다.

한 달에 월 보험료를 10만 원씩 내는 암보험에 가입했을 때, 어느 날 갑자기 암에 걸리는 큰 위기가 닥친다면 수술비와 입원비에 생활비까지 할 수 있는 비상자금을 보험금으로 받을 수 있다. 위험을 대비할 수 있는 보험 상품에 미리 가입을 해두면 바람이 불어도 뿌리가 흔들리지 않는 것이다.

나는 약 8년 전에 대장암 초기 판정을 받았다. 초기라 위험한 상황은 아니었지만, 세상이 무너지는 상실감과 막연한 두려움이 생겼다. 물론 지금은 완치 판정을 받았고 건강하게 살고 있다. 그 당시 몇 개의 보험상품에서 보험금으로 1억 5천만 원 정도를 수령했다. 그 뒤로 나는 주변에 암보험에 가입하라는 말을 입버릇처럼 하고 다녔다.

예전에는 사람들이 죽음을 두려워했다. "내가 죽으면 어떻게 되나? 내 가족들은 어떻게 하지?" 그러나 요즘은 오히려 "내가 100살까지 살면 어떻게 되나?", "내가 70살부터 100살까지 건강하기는 할까?", "그때 내가 일할 수 있을까?" 이런 걱정을 많이 한다.

백세 시대다보니 사망 리스크보다 장기 생존 리스크에 대한 걱정이 더 커진 시대다.

이러한 노후보장을 위해 선진국일수록 3층 보장 제도가 잘 운영되고 있다. 우리나라도 마찬가지다. 이 제도를 잘 이용할 필요가 있다. 1층에는 국민연금이 2층에는 퇴직연금이 있고 3층에는 개인연금이 있다.

직장 생활을 오래하면서 국민연금과 퇴직연금이 잘 가입되어 있는 상태에서 개인연금까지 가입하여 준비된 노후를 기다리는 사람들이 있다. 반면 대부분 가정주부는 국민연금과 퇴직연금이 없을 뿐 아니라 그 흔한 개인연금 하나 가입되어 있지 않아 다가오는 노후가 암울한 경우가 많다. 이 책을 읽는 독자들은 3층의 보장 중에 혹시 하나의 보장도 설계가 안 되어 있는지 확인해보기 바란다.

보통 보험에 대한 부정적인 인식을 갖고 있다. 일부 보험설계사의 비전문적인 판매나 보험회사의 불합리한 보험금지급거부를 옹호할 생각은 전혀 없다. 하지만 보험의 기본원리는 뿌리를 튼튼하게 하는 것이라는 생각을 강조하고 싶다. 갑자기 발생할 위험 그리고 다가오는 노후에 대한 책임은 스스로가 져야 된다는 생각을 가진다면 보험에 대한 인식이 달라질 것이다.

물론 부자가 된다면 연금을 포함한 보다 훌륭한 최적 포트폴리오를 구성할 수 있다. 은퇴 이후의 최적 포트폴리오는 어떻게 구성되어야 할까.

최적 포트폴리오는 '임대소득'과 '배당소득' 그리고 '연금소득' 이 세 가지로 구성된다. 임대소득은 앞서 살펴본 것처럼 부동산투자를 통해 얻을 수 있는 소득이며, 배당소득은 주식투자로 얻을 수 있는 것이다. 연금소득은 3층 보장 제도로 가입된 연금상품에서 얻을 수 있다.

어떤 나무보다 풍성한 줄기 뻗기

탄탄한 뿌리를 내렸다면 이제 풍성하게 줄기를 뻗어야 한다. 부자 나무에서 줄기를 뻗는 일이란 돈을 굴려 1배, 2배, 10배의 수익을 얻는 것을 말한다. 우리가 흔히 말하는 재테크 즉 투자다.

부자가 되기 위해서 여러 가지 투자를 할 수 있지만, 우리나라에서 가장 대중화된 것은 주식투자와 부동산투자다. 부자가 된 많은 사람들이 이 두 가지로 부자가 됐다고 말한다. 그리고 이 두 시장에서 가장 큰 돈이 움직이고 있다. 실제 서점에 가면 재테크 도서의 대다수는 부동산과 주식 관련 책이다.

부자 나무에서 풍성한 줄기를 키우는 두 가지는 결국 부동산과 주식이다. 서점의 재테크 코너에서 부동산과 주식투자 책이 가장 많이 진열되어 있고, 전국의 강연장에서 부동산과 주식 강의가 가장 많은 이유다. 모든 분야가 그렇듯이 부동산과 주식 재테크를 잘하려면 공부를 꼼꼼하게 해서 투자의 안목을 길러야 한다.

이 책에서 투자의 기본이 될 수 있는 학문인 경제학에 대해서 쉽게 설명하고 부동산과 주식투자 중에 내가 좀 더 자신 있는 주식투자 방법을 설명하는 것도 부자가 되기 위한 필수 요소가 부자 나무의 줄기를 키우는 성공 투자이기 때문이다. 성공 투자를 위해서 당연히 공부가 필요하다.

보장자산과 연금자산을 마련해 뿌리를 튼튼하게 하고, 재테크로 풍성한 줄기를 만들었다면 바로 부자가 될 수 있을까? 여기에 가장 중요한 게 빠져 있다. 진짜 부자가 되기 위해서는 두 가지가 더 필요하다. 바로 세무와 상속에 대한 준비다.

진짜 부자를 넘어 진짜 행복한 부자가 되는 법

진짜 부자가 되기 위해서는 세무 지식에 의한 절세전략이 필요하다. '소득이 있는 곳에 과세가 있다.'라는 말처럼 고소득자나 부자일수록 내야할 세금이 커지고 절세가 그만큼 중요해진다. 하지만 절세를 위해서 모두가 세무사가 될 수 없다. 탈세는 절대로 하면 안 되지만 절세는 필요하므로 세무전문가인 세무사를 통해 절세 컨설팅을 받으면 된다.

아프면 의사에게 가면 되지만 병을 예방하고 건강한 것이 중요하듯이, 기초적인 세무 지식을 쌓는다면 미리미리 절세전략을 준비할 수 있으므로 사업소득이나 근로소득 또는 부동산투자에 알아야 할 기초 세무 상식 정도는 공부해두길 권한다.

또 하나 중요한 게 상속이다. 상속은 진짜 부자가 되기 위해서 필요한 것이 아니라 진짜 부자가 되고 나면 필요한 것이다. 부자가 되고 싶은 분들에게 설문조사를 했다. "왜 부자가 되고 싶은가요?" 첫 번째로 많은 대답이 '경제적 자유를 얻고 싶다.'였다. 두 번째가 "내 자식들에게 상속해주고 싶다."였다.

상속세의 경우 일정금액의 상속재산 이하의 경우 면세점(세금을 면제하는 기준이 되는 한도) 이하에 해당하여 상속세 과세대상이 아니지만 상황에 따라 다르므로 정확한 금액을 제시할 수는 없다. 다만 강남의 집값이 워낙 비싸져서 요즘은 집 한 채만 있어도 상속세 과세대상인 경우가 많으므로 미리미리 상속을 준비하는 사람들이 과거에 비해서 더욱 많아 졌다.

특히 상속세 최고 세율이 50%이기 때문에 재산의 절반을 세금으로 납부해야 할 수도 있으므로 미리 상속재산을 파악하고 사전증여 등을 통해서 절세를 할 수 있는지에 대한 절세 컨설팅을 받아보는 것이 좋다.

보험상품을 통해 뿌리를 튼튼히 하고, 부동산과 주식투자로 줄기를 풍성하게 만들고, 세무와 상속 지식을 미리 준비하고 컨설팅을 받는다면 진짜 부자가 된 것이다. 작은 씨앗이 큰 나무로 자란 것처럼 말이다. 하지만 나는 진짜 부자보다 행복한 부자를 더 좋아한다. 돈이 많다고, 경제적 자유를 맘껏 누린다고 행복한 것은 아니기 때문이다.

부자의 목적이 경제적 자유라면 인생의 목적은 무엇인가? 만약 인생의 목적이 행복이라면 그냥 부자 말고, 행복한 부자가 되기 위해 노력하자. 부자는 나의 재무상태가 만들어주지만, 행복은 나의 마음이 만들어준다. 부자의 꿈 나아가 행복한 부자의 꿈을 키우기 위한 수업은 여기까지다. 이제는 그 꿈을 실현하는 수업인 경제학과 주식 공부를 해보자.

8

돈 내고도 못 듣는 부자훈련 4단계

1단계: 목표를 설정하고 매일 외치고 주변에 알리자

지면상이지만 부자를 반드시 만들어주는 '부자훈련소'에 입소한 것을 환영하며, 독자들에게 스스로 할 수 있는 실질적인 부자훈련을 안내하겠다.

'훈련'의 사전적 의미 중에는 '일정한 목표나 기준에 도달할 수 있도록 만드는 실제적 교육활동'이란 뜻이 있다. 공부가 학문이나 기술을 배우고 익히는 것이라면 훈련은 목표에 도달할 수 있도록 실전교육을 하는 것이니 부자 공부보다는 부자훈련이 더 어울리는 말이라고 생각한다. 부자훈련의 1단계는 목표를 설정하고 매일 아침저녁으로 외치고, 주변사람들에게 알리는 것이다.

나는 10년 안에
100억 부자 될 거야!

부자공식 G×R,
G는 소득성장률 R은 투자수익률

A4용지에 꽉 채운 글씨로 '나는 10년 안에 100억 부자 될 거야!'라는 문장과 '부자공식 G×R, G는 소득성장률, R은 투자수익률'이라는 문장을 쓰고 프린트한다. 그리고 이 종이를 책상 앞과 거울, 방문 등 잘 보이는 장소 곳곳에 붙여놓는다. 그러고는 아침저녁으로 생각날 때마다 큰 소리로 읽는다.

주변 사람들에게 이 방법을 소개한다. 부자의 꿈을 가져야 부자가 될 수 있고, 부자의 꿈은 구체적이어야 하고, (   )년 안에 (   )억을 벌겠다는 목표를 세우라고 가르쳐준다.

부자공식 G×R까지 막힘없이 설명할 수 있으면 부자의 꿈에 절반은 도달했다. 시험공부를 하는 보통의 방법은 읽고 보는 것이다. 하지만 진짜 그 내용을 본인 것으로 만들고 싶다면 쓰고 말하는 훈련이 반복돼야 한다. 목표를 쓰고 주변에 말하는 수준이 될 때까지 매일 훈련하자.

2단계: 개인 재무상태표와
개인 현금흐름표 직접 작성하기

개인 재무상태표				
자산			부채	
계정과목		금액	계정과목		금액
현금성자산 (금융자산)	현금 은행상품 기타금융상품		단기부채 (1년미만)	신용대출 마이너스통장 신용카드잔액 카드대출	
주식	상장주식 비상장주식		장기부채 (1년이상)	차량할부금 전세자금대출 주택담보대출	
부동산	주택 상가 토지				
연금자산	연금보험 연금저축				
보장자산	질병보험 종신보험				
사용자산	자동차 회원권 고가물건				
총자산			총부채		

앞에서 제시한 개인 재무상태표보다 더 자세하게 작성하길 바라는 마음에 대분류의 항목에 더해 조금 더 구체적인 소분류를 제시했다. 빈칸을 채우면서 자신의 현재 재무상태표를 작성하고 '자산-부채=순자산'을 계산해보기 바란다. 순자산이 클수록 목표달성에 가까울 수 있으며, 특히 자신에게 맞는 최적 자산 포트폴리오를 구성하고 있는지, 적정한 부채 레버리지를 사용하고 있는지를 잘 파악해야 한다.

개인 현금흐름표(현금흐름 기준 손익계산서)			
소득		지출	
사업소득		고정지출	
근로소득		(대출이자)	
이자소득		(세금)	
배당소득		(보험료)	
임대소득		(주택임대료)	
연금소득		(기타)	
기타소득		변동지출	
양도소득			
총소득		**총지출**	

앞에서 제시한 개인 현금흐름표와 소득 항목은 일치하지만 지출 항목에서는 지출 비중이 큰 항목인 대출이자, 세금, 보험료, 주택임대료를 별도 구분했다. 변동지출은 술, 옷, 밥값을 아끼도록 노력하고 대출이자, 세금, 보험료 등은 전문지식을 이용하거나 전문가의 도움을 받아 줄일 수 있는 부분을 찾아내도록 하자.

또한 현재의 소득에서 더 다양하고 더 충분한 소득이 발생할 수 있는 방법을 계속 고민하도록 한다. '소득-지출=순소득'을 계산하고 현재순소득이 높을수록 목표달성 확률이 더 높음을 알아야 한다.

개인 재무상태표와 개인 현금흐름표는 정기적으로 작성하는 것이 좋다. 매월 작성하기 힘들다면 적어도 분기나 반기에 한번 작성하도록 하자. 또한 과거와 현재의 변화과정을 반드시 체크하여 순자산이 커지고 있는지, 순소득이 늘어나고 있는지, 포트폴리오 비중은 어떻게 변화하고 있는지, 지출 통제는 지켜지고 있는지 등의 항목 등을 만들어 계속 기록해나가야 한다.

3단계: '지출 줄이기', '소득 늘리기', 실천 목록 만들기

부자학교나 부자훈련소를 통해서 교육을 하게 될 때 이런 말을 한다.

"지출을 줄이면 1억 부자가 되고, 소득을 늘리면 10억 부자가 되고, 투자를 잘하면 100억 부자가 됩니다."

즉 나는 '지출 줄이기', '소득 늘리기', '투자 잘하기' 세 가지 목표를 달성하면 100억 부자가 될 수 있다고 믿고 있다. 이중에서 '지출 줄이기'와 '소득 늘리기'는 실천력이 정말 중요한 것이다. 실천력을 높이기 위해서는 실천 목록을 만들고 매일 체크하고 반성하는 것이 가장 좋다.

위에 쓴 문장처럼 본인이 지킬 수 있는 실천 항목을 빈칸에 적고 매일 지키려는 노력을 해보자. 지출 통제는 효과가 바로 나오므로 굉장히 강한 동기부여를 받을 수 있고, 그 정신력으로 소득 늘리기 실천 항목을 지켜나가다 보면 계단식 성장을 하는 자기 자신을 발견할 수 있을 것이다.

지출 줄이기, 소득 늘리기 실천 목록	
지출 줄이기	소득 늘리기
1. 1주일에 술 1회 이내로 줄이기	1. 온라인쇼핑몰 만들기
2.	2.
3.	3.
4.	4.
5.	5.

4단계 '투자 잘하기' 투자노트 만들기

'투자 잘하기'의 핵심은 지식과 경험이라고 생각한다. 부동산과 주식투자 둘 다 동시에 시작해도 되고, 둘 중에 하나부터 시작해도 된다. '흑묘백묘'라는 말처럼 검은 고양이든 흰 고양이든 쥐만 잘 잡으면 된다. 부동산이든 주식이든 투자수익률만 잘 챙기면 된다. 목표는 부자이기 때문이다. 보통의 투자자들은 부동산투자의 시드머니가 없을 때 주식투자를 해서 자산이 커지면 부동산투자를 시작하는 경우가 많이 있다. 자신의 지식과 경험 그리고 상황에 맞게 주식투자와 부동산투자를 병행하는 것이 가장 좋다고 생각한다.

중고등학교 때 오답노트를 만드는 이유는 틀린 문제를 계속 틀리는 경향이 있고, 빠르게 약점을 보완할 수 있기 때문이다. 마찬가지로 투자노트를 만들어보자. 인간의 기억력은 한계가 있으므로 투자를 하면서 모든 것을 기록하는 것이다. 성공한 투자와 실패한 투자 모두 큰 의미가 있다. 실패한 투자는 오답노트처럼 본인의 단점을 보완해주고 다시는 실패한 투자를 반복하지 않게 도움을 준다. 성공한 투자에 대한 데이터는 계속 쌓여나갈수록 자신만의 성공 투자 비법이 만들어질 것이다.

투자노트 예시	
1. 투자기간	2020년 5월 29 - 2020년 11월 18일
2. 투자 대상	삼성전자 (1주당 5만 원 매수, 6만5천 원 매도)
3. 투자금액	1,000만 원
4. 투자수익률	30%
5. 투자아이디어	비메모리 반도체 부문 성장 그리고 4차 산업혁명의 중심
6. 문제점과 개선방향	주가가 조금 무겁고, 반도체 업황의 영향을 받음

위의 표는 부동산과 주식을 구분하지 않고 투자 시에 중요한 체크 포인트를 써놓은 표며, 개인 재무상태표와 개인 현금흐름표처럼 정

보를 타인에게 제공하기 위한 것이 아닌 자신을 위한 투자노트이므로 양식에 구애받지 않고 자신의 언어로 편하게 중요 내용을 작성해 놓으면 된다.

나는 주식투자를 20년 이상 하면서 성공 투자의 열쇠로 '주식투자 일지'를 늘 꼽고 있다. 몇 년 전 주식 블로그를 개설할 때 블로그 명이 '이세무사의 주식투자 일지'였다는 점에서도 내가 얼마나 투자기록을 중요하게 생각하는지 알 수 있다.

부자 공부는 어떻게 해야 하는 걸까? 저자는 자신의 어린 시절부터 최근까지의 경험담을 통해 부자가 되기 위해서 어떻게 노력하고 성장했는지를 가감 없이 이야기 한다. 그리고 자신의 인생 내내 쌓아온 부자의 지식과 경험을 토대로 부자가 되는 방법을 설명한다.

많은 사람들이 부자가 되고 싶어 하지만 부자가 무엇인지 정확히 모르는 사람이 많다. 그래서 가장 먼저 부자의 정의와 부자가 가지는 자유에 대해서 설명한다. 부자를 이해했다면 이제 부자가 될 자격이 생긴 것이다.

부자가 되기 위해 가장 먼저 해야 할 일은 목표를 설정하는 것이다. '나는 10년 안에 100억 부자 될 거야'라는 저자가 추천하는 목표를 자신에 맞게 수정해보자. 중요한 것은 언제 얼마를 가진 부자가 될 것인지 구체적으로 목표를 세우는 것이다.

목표를 어떻게 달성할 것인가? 구체적인 실천을 위해 부자공식의 이해가 필요하다. 마법의 부자공식 $G \times R$을 이해하고 G값과 R값을 높이는 노력을 다해야 한다. 현재순자산과 현재순소득을 파악해야 하는데, 개인 재무상태표와 개인 현금흐름표를 작성하면 된다. 그렇게 확인한 순소득과 순자산을 지속적으로 늘려나가야 한다.

G값을 높이기 위해서는 뼈를 깎는 고통을 감수해야 한다. 충분하고 다양한 소득을 발생시키고, 합리적 소비를 통해 지출을 통제해야

한다. 순소득이 증가할수록 시드머니가 커지고 이 시드머니는 투자의 출발점이다.

투자수익률 R값을 높이기 위해서 위험을 감수해야 해야 한다. 위험을 감소시키는 방법인 포트폴리오 분산효과를 이해하도록 한다. 최적의 자산 포트폴리오와 레버리지 효과를 공부하고 실천한다면 부자의 꿈은 가까워질 것이다.

부자가 되는 과정은 나무가 자라는 과정과도 같다. 부자 나무의 뿌리 역할을 해주는 보장자산과 연금의 필요성을 이해하자. 그리고 튼튼한 뿌리를 토대로 부자 나무를 키울 수 있는 두 가지 무기인 부동산투자와 주식투자를 시작하자.

이러한 내용을 책만 읽고 끝내서는 안 된다. 부자 공부는 읽고, 듣는 것보다 말하고 쓰는 것이 더 중요하다. 부자훈련 4단계를 통해서 진짜 부자 되는 방법을 훈련하고 실천해야 한다.

부자가 되기 위한 경제학 공부

부자가 되기 위한 경제학 공부

1. 경제학은 부자의 기초

경제학은 돈과 직간접으로 관련된 학문 중에 가장 오래된 학문이다. 자본주의의 근간이 되는 학문이기 때문에 부자가 되기 위해서는 경제학에 대한 이해와 응용이 필수다. 경제학 공부를 하면 경제 기사를 쉽게 이해할 수 있으므로 현실 경제의 흐름을 파악하게 되고 돈의 흐름을 남들보다 먼저 알 수 있게 된다. 수많은 선택의 순간에 경제학적 사고는 부자가 되는 선택을 하게끔 돕는다.

2. 수요공급의 곡선을 읽어라

시장에서 거래되는 재화와 서비스의 가격은 수요와 공급의 균형점에서 결정된다. 수요공급곡선은 경제학에서 가장 중요한 개념이다. 주식시장이나 부동산시장에서 주식과 부동산의 가격이 결정되는 것은 물론, 생산요소시장에서 임금, 금융시장에서 금리, 외환시장에서의 환율까지 모든 시장의 모든 가격은 수요와 공급의 법칙에 의해서 결정되기 때문이다. 수요곡선과 공급곡선이 만나는 점에서 균형량과 균형가격이 결정된다. 초과수요와 초과공급이 나오는 상황에 가격이 어떻게 움직이는지를 이해하면 부동산시장과 주식시장에서 가격의 흐름을 예측하는데 큰 도움이 된다.

3. 생산을 이해하면 투자가 보인다

생산자이론에서 말하는 기업의 목표는 이윤 극대화이다. 기업은 이윤극대화를 위해 매출을 높이거나 비용을 최소화해야 한다. 기업의 비용은 고정비용과 가변비용의 합으로 이루어진다. 경기가 좋아지면 고정비용이 큰 기업의 수익성이 좋아지고, 경기가 나빠지면 고정비용이 적은 기업이 상대적으로 유리하다. 경제학에서 시장은 완전경쟁시장, 독점시장, 독점적 경쟁시장, 과점시장 등으로 구분한다. 이중에 가장 많은 상품이 속해 있는 시장이 독점적 경쟁시장이다. 이 시장에서 차별화된 상품의 브랜드 가치를 가진 분야로 사업을 하거나 주식투자 종목을 골라야 한다.

4. 반드시 알아야 할 경제지표

국민소득인 GDP는 한 나라의 경제 규모를 나타내는 지표이므로 높을수록 좋다. 우리나라는 인구는 세계 28위며, 국토면적은 107위지만 GDP는 10위를 기록하고 있다. GDP 만큼 중요한 것이 물가다. 물가의 변동이 이자율정책에 영향을 미치기 때문이다. 그래서 투자자들은 인플레이션이나 디플레이션에 민감하게 반응한다. 또한 투자수익률을 계산할 때 물가상승률을 반영해야 보다 정확한 투자수익률을 계산할 수 있다.

5. 경제성장과 경기변동

경기의 사이클을 이해하고 주식투자와 부동산투자에 적용한다면 성공 투자 확률이 높아진다. 경기변동은 GDP의 흐름으로 파악할 수 있다. 경기변동의 상승과 하락, 단기추세와 장기추세가 확장과 수축을 하며 장기적으로는 우상향하는 그래프의 모습이 주식시장의 주가지수 그래프와 매우 흡사하다. 경기가 변동하는 이유는 무엇일까? 총수요 측면에서 투자지출의 변화, 통화량의 변화 등에 따른 유동성변화가 있고, 총공급 측면에서 기술혁신이 있다. 주식투자자라면 당연히 4차 산업혁명 관련 성장주에 관심을 가져야 한다.

6. 물가, 올라도 걱정 내려도 걱정

경기가 위축되었을 때 경기 활성화를 위해 금리를 인하하고, 물가가 오르면 물가안정을 위해 금리를 인상한다. 기준금리를 조절하는 방법이외에도 통화량을 직접 조절하기도 하는데, 통화량이 늘어나면 유동성의 힘으로 주식시장의 예수금이 증가하며 주가지수가 오르거나, 부동산시장에 분양 경쟁률이 수백 대 1이 넘으면서 분양 프리미엄이 급등하기도 한다. 이러한 유동성장세는 결국 인플레이션을 불러일으키는 원인이 되기도 한다. 결국 물가 상승이 심하게 지속되면 정부는 통화량을 줄이고 금리를 인하하는 정책이 사용된다.

7. 정부정책은 투자자에게 최고의 재료

정부정책은 크게 금융정책과 재정정책으로 나눌 수 있다. 금융정책은 통화량을 조설하는 정책이며 재정정책은 정부지출이나 조세수입을 조절하는 정책이다. 정부가 통화량을 증가하면 소비 증가, 기업 투자 증가가 이루어져 GDP가 증가한다. 정부가 지출을 증가하거나 세금을 감면하면 역시 GDP가 증가한다. 이런 정부정책이 펼쳐지면 단기에 경제적 효과를 누릴 수 있다.

8. 돈은 어떤 나라로 흘러갈까

우리나라 산업은 과거와 달리 반도체, 2차전지, 제약바이오 등 기술 집약 산업 중심으로 발전하고 있다. 주식투자자들은 이런 산업의 변화를 기억하고 종목선정에 노력해야 한다. 개방경제 상황에서 국제수지는 굉장히 중요한 개념이다. 국제수지 중 경상수지는 환율에 굉장히 많은 영향을 받고, 자본수지는 환율과 이자율의 영향을 동시에 받는다. 글로벌 경제에서 환율은 굉장히 중요하다. 환율이 상승하면 수출업자가 더 유리하고 환율이 하락하면 수입업자가 더 유리하다. 해외 주식이나 해외 부동산에 직접 투자를 한 투자자의 경우, 환율이 상승하면 환차익이 발생하므로 자산 가격 상승과 별개의 이익이 발생할 수 있다. 최근 미국 투자에 집중했던 투자자들이 환율 하락으로 환차손을 보고 있다는 것을 떠올리면 이해하기 쉽다. 물론 환율이나 유가는 너무 오르거나 너무 내리지 않고 적정 가격대에서 안정적으로 움직이는 것이 투자자의 입장에서 가장 좋다.

1
경제학은 부자의 기초

경제학에서 선택의 문제는 자원이 희소하기 때문에 생긴다고 한다.
따라서 경제학은 최소의 비용으로
최대의 효과를 낼 수 있는 선택을 할 수 있게 돕는다.

부자가 되기 위해 알아야 할 것들

'부자학'이라는 학문은 없다. 학문이 아니기에 학교에서 배울 수 없다. 부자학과를 졸업한 사람이나 부자학 박사는 당연히 찾아볼 수 없다. 우리 대다수의 꿈이 부자인데 부자가 되는 법을 학교에서 가르치지 않는다면 우리는 어디서 배워야 할까.

어렸을 때는 가정에서 부모님에게 배울 수 있다. 하지만 이 땅의 많은 부모님들은 자식들이 돈 밝히지 말고 공부나 열심히 하길 바라

신다. 내 부모님도 그랬다. 소수의 부자 부모만이 가정교육으로 부자가 되는 법을 가르치고 있을 뿐이다.

성인이 되어서는 누구에게 부자 되는 법을 배울 수 있을까? 주변에 부자가 있다면 그에게 배울 수 있으면 좋으련만 그런 부자가 흔한가. 부자는 그렇게 흔하지 않다. 부자가 되는 법을 배울 수 없는 현실은 누구 탓일까. 슈퍼카 여러 대를 몰며 허세 부리는 사기꾼을 부자로 착각한 사람에게도 책임이 있다. 부자인데도 주변 사람에게 선한 영향력을 행사하기는커녕 갑질만 하는 나쁜 부자에게도 책임이 있다.

어쨌든 부자가 되기 위해서 우리가 알아야 할 것들은 결국 그 누구에게도 배우기가 매우 힘들다. 그래서 많은 부자들이 이렇게 말하는지도 모른다.

"부자가 되고 싶으면 책을 읽어라."

책 속에 진리가 있다는 말을 떠올리지 않더라도 부자가 되기 위해서 책을 읽으며 공부해야 하는 것은 당연하다. 그래서인지 서점에는 읽으면 부자가 된다는 책으로 차고 넘친다. 부자가 쓴 책도 있고, 부자가 아닌 사람이 쓴 책도 있다.

종류도 많다. 부동산투자, 주식투자, 절세…… 심지어는 부자 되기에 연연하지 말고 편히 살라는 책도 흔하게 볼 수 있다. 이런 많은 책들 중에 부자 공부의 기초를 다지기 위한 단 한 종류의 책만 추천하라는 질문을 받는다면 난 '경제학원론'이라고 대답하고 싶다.

만약 내가 부자학교 교장이 되어 부자학과를 만든다면 전공과목에 경제학, 경영학, 회계학, 통계학, 심리학 등을 반드시 포함시킬 것이다. 이중에서 경제학이 부자 공부를 할 때 가장 중요하다. 그 이유는 경제학은 돈과 직간접으로 관련된 학문 중에 가장 오래된 학문이며 자본주의의 근간이 되는 원론적인 학문이기 때문이다.

부자가 되기 위한 공부

본격적으로 경제학 공부를 하기 전에 부자가 되기 위해 왜 경제학을 꼭 공부해야만 하는지 말하고 싶다. 경제학은 크게 미시경제와 거시경제 그리고 국제경제로 나뉜다. 미시경제에서는 시장과 가격결정 원리 즉 수요와 공급의 원칙을 배운다. 거시경제에서는 정부의 재정정책과 금융정책 그리고 국제경제에서는 국제수지와 환율을 배운다.

지금 말한 이정도의 단어 또는 이론들을 어느 정도 이해한다면 경제 기사들을 보고 들을 때 쉽게 접근할 수 있다. 경제 신문을 이해하고 볼 수 있다는 것은 돈의 흐름을 남들보다 먼저 알 수 있고 더 큰 소득을 얻을 기회 또는 더 높은 투자수익을 얻을 기회를 만들 수 있다.

또한 경제학 공부는 의사결정시에 합리적인 선택을 하도록 도움을 준다. 희소성을 고려해서 의사결정을 하게하고, 기회비용을 생각하며 의사결정을 하게한다. 최근 결정 장애란 말이 유행일정도로 사람들이 작은 일을 결정할 때도 힘들어 한다. 그러나 경제학은 우리에게 합리적 선택을 하는 힘을 키우게 한다.

부자가 되기 위해서 수만 번의 결정을 해야 한다. 그 결정의 순간에 경제학 공부는 큰 도움을 준다. 학창 시절 경제학 교수님에게 들었던 말을 아직도 기억하고 있다.

"어떤 선택을 함에 있어서 '차가운 머리와 뜨거운 가슴'을 가져라."

나는 부자가 되기 위한 길에서 선택을 해야 할 때면 이 말을 되새겼고 그때마다 교수님의 말은 판단의 기준이 되었다. 여러분들도 부자가 되기 위해서 이 말을 꼭 기억하면 좋겠다. 아니 행복한 부자, 선한 부자가 되기 위해서 반드시 기억하기 바란다.

세상에서 가장 쉬운 경제학 정리

경제학 교과서 중 가장 많이 보는 게 『맨큐의 경제학』이다. 이 책에 나온 경제학의 기본 원리 중에 특히 중요한 것은 다음과 같다.

① 모든 선택에는 대가가 따른다

인생은 B^{birth}와 D^{death}사이의 C^{choice}라고 한다. 사람이 태어나서 죽을 때까지 살아가는 동안 늘 선택을 해야 한다는 말이다. 따라서 선택을 잘하느냐 못하느냐는 인생에서 가장 중요한 것이다. 선택을 잘하려면 어떻게 해야 할까. 경제학을 배우면 된다. 경제학에서는 선택의 문제는 자원이 희소하기 때문에 생긴다고 한다. 따라서 경제학은 최소의 비용으로 최대의 효과를 낼 수 있는 선택을 할 수 있게 돕는다.

② 선택의 대가는 그것을 얻기 위해 포기한 무엇이다

세상에 공짜는 절대 없다는 말이다. 우리는 무료 공연을 보거나 무료 상품을 받게 되는 경우 공짜로 얻었다고 생각한다. 하지만 살펴보면 시간이든 노력이든 보이지 않는 비용을 반드시 지불했을 것이다. 이것을 경제학에서는 기회비용이라고 한다. 이는 부자가 되기 위해서 가장 도움을 받은 경제학 개념 중에 하나다.

기회비용에 대한 개념을 정확히 이해하는 것이야말로 모든 투자에서의 투자수익률을 높일 뿐 아니라, 소득을 높이는 지름길이다. 장사를 하시는 분들 중에 자신의 인건비를 계산하지 않는 분들이 있다. 그러나 반드시 자신의 인건비를 비용으로 제외하고 이익을 계산해야 한다. 또한 금고에 돈을 넣어두는 행위는 무위험 이자율인 은행 이자를 기회비용으로 지불하고 있는 것이라는 사실을 알아야 한다.

③ 사람들은 경제적 유인에 반응한다

사람들은 경제적 유불리에 따라서 합리적으로 행동한다는 의미다. 소비자는 동일제품일 경우 가격이 싼 곳에서 제품을 사려한다. 반대로 생산자는 같은 제품의 판매가가 다른 시장이 존재할 경우 더 비싼 곳에서 팔려고 할 것이다.

④ 자유거래는 모든 사람을 이롭게 한다

수년 전부터 미국과 중국의 무역 분쟁이 진행 중이다. 무역 분쟁이 주식시장에 악재인 이유는 자유무역에 비해서 분쟁이 비효율적이기 때문이다. 마찬가지로 '우리나라 경제에서 과도한 규제가 경제성장에 걸림돌이 된다'는 말도 같은 맥락이다. 경제학적 측면에서는 자유거래가 가장 합리적이라는 뜻이다.

⑤ 일반적으로 시장이 경제 활동을 조직하는 좋은 수단이다

애덤 스미스는 『국부론』에서 자유방임주의 경제 체제에서 국가가 시장의 흐름에 개입하지 않아도 시장은 '보이지 않는 손Invisible hand'에 의해 자동으로 효율성을 유지한다고 했다. 그러니까 각 경제주체들에 대한 통제 없이도 시장은 효율적으로 움직인다. 부자가 되고 싶다면 '보이지 않는 손'을 보려는 노력을 기울여야 한다. '보이지 않는 손'의 움직임을 이해하고 남들보다 먼저 포착하는 게 부자가 되는 방법이다. 특히 투자 행위의 성패는 가격의 상승하락에 의한 것이므로 반드시 가격 형성 이론인 수요공급의 법칙을 이해해야 한다.

한눈에 경제 파악하기

한 국가 안에서의 경제 활동은 아래 '거래의 순환도' 그림처럼 단순한 기본 모형으로 확인할 수 있다.

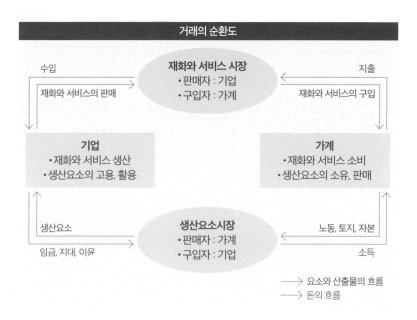

거래의 순환도

수입
재화와 서비스의 판매

재화와 서비스 시장
•판매자 : 기업
•구입자 : 가계

지출
재화와 서비스의 구입

기업
•재화와 서비스 생산
•생산요소의 고용, 활용

가계
•재화와 서비스 소비
•생산요소의 소유, 판매

생산요소
임금, 지대, 이윤

생산요소시장
•판매자 : 가계
•구입자 : 기업

노동, 토지, 자본
소득

⟶ 요소와 산출물의 흐름
⟶ 돈의 흐름

경제 행위의 주체는 기업과 가계로만 한정한다. 그리고 시장은 재화와 서비스시장 그리고 생산요소시장 두 개만 존재한다. 가계는 개인 또는 벌어들인 돈을 함께 쓰는 가족과 같은 공동체다. 기업은 물건이나 서비스를 만들어 파는 회사다. 재화와 서비스시장은 기업이 재화와 서비스를 팔고 가계가 이를 사는 시장이다. 생산요소시장은 재화와 서비스를 만들어내기 위해 필요한 요소인 토지, 노동, 자본이 사고 팔리는 시장이다.

가계는 재화시장에 돈을 지불하고 재화를 구매하기도 하고 생산요소시장에서 노동, 토지, 자본을 제공하고 돈을 벌어들인다. 기업은 재화 시장에서 재화를 판매하고 생산요소시장에 임금, 지대, 이윤을 가계에 지불한다. 여기에서 중요한 것은 이러한 행위들이 바로 시장에서 이루어진다는 사실이다. 시장에서 가격이 형성되면서 제한된 자원에 대한 최대효과가 효율적으로 이루어진다.

우리는 부자가 되기 위해서 재화 시장에서 합리적으로 재화를 구매할 줄 알아야 한다. 그리고 생산요소시장에서 노동에 따른 적합한 임금을 보장받고 토지나 자본투자에 대한 지대나 이윤 또한 얻어야 한다.

이렇게 시장경제 체제에서 어떻게 행동해서 돈을 벌수 있는지 늘 고민하자. 시드머니가 없는 초기에는 임금을 효율적으로 관리해 시드머니를 모아 지대와 이윤을 얻도록 힘써야 한다. 그리고 가계의 역할에서 벗어나 기업의 역할까지 겸하고자 하는 마음을 먹고 가계가 얻을 수 있는 이윤보다 더 큰 이윤을 얻는 방법을 모색해야 한다. 자본주의 사회에서 진정한 부자가 되기 위해서는 노동자보다는 자본가가 더 유리하다는 것을 명심하자.

2
수요공급의 곡선을 읽어라

소고기와 돼지고기는 대체재 관계다. 고기와 상추는 보완재 관계다.
대체재와 보완재를 잘 이해하면 주식시장이나
부동산시장에서의 투자에 응용할 수 있는 기회가 많다.

대체재와 보완재를 알면 시장이 보인다

시장에서 거래되는 재화와 서비스의 가격은 수요와 공급의 균형점에서 결정된다. 이는 수요공급 법칙으로 경제학에서 매우 중요한 가격 결정이론이다. 아주 쉽게 생각해보면 우시장에서 소의 가격이 결정되고 부동산시장에서 부동산의 가격, 그리고 주식시장에서 주식의 가격(주가)이 결정되는데 시장에서 가격이 어떻게 결정되는지를 수요공급의 법칙이 설명해준다는 의미다.

먼저 수요 법칙에 대해서 공부해보자. 수요라는 말을 일상에서 많이 쓰지 않아서 어렵게 느껴진다면 수요라는 말을 소비라고 생각하면 된다. 어떤 재화나 서비스가 필요해서 구매를 하고자 하는 행위가 수요이니 소비랑 비슷한 의미다. 가격이 상승하면 수요량은 감소하고 가격이 하락하면 수요량은 증가 한다. 싼 가격에 사고 싶어 하는 소비자 입장을 생각하면 수요공급 법칙은 이해하기 쉽다.

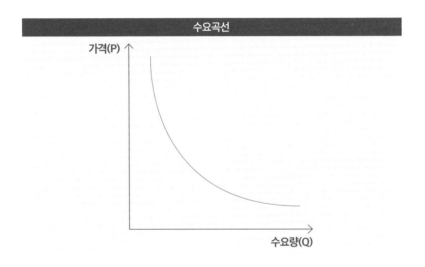

가격과 수요량의 관계는 위의 수요곡선 하나에 담겨 있다. 가격 이외의 변수가 변하게 되면 수요곡선도 이동하게 된다. 가격 이외의 변수에는 소득, 취향, 기대 등의 변화가 있다.

삼겹살 1인분에 15,000원일 때 삼겹살을 평균 월 1회 먹던 소비자가 갑자기 취향이 바뀌어 삼겹살을 월 2회 먹게 되는 변수가 생기면 삼겹살 값에 변동이 없어도 수요가 증가하여 수요곡선 자체가 우측으로 이동하게 된다. 그러면 수요량은 증가하고 가격도 상승하는 효과가 있다. 광우병 때문에 돼지고기 수요가 증가하거나 아프리카 돼지열병 때문에 소고기 수요가 증가하는 경우가 이에 해당한다.

상품 간의 수요가 서로 연관되어 움직이는 경우에 그 둘의 관계에 따라 보완재와 대체재라고 한다. 위 예처럼 소고기가 비싸면 돼지고기를 선택할 수 있고, 돼지고기에 문제가 있다면 소고기를 선택할 수 있다. 소고기와 돼지고기는 대체재 관계다. 반면 고기와 상추는 함께 수요가 증가하는 상품이므로 보완재라고 한다.

대체재와 보완재를 잘 이해하면 주식시장이나 부동산시장에서의 투자에 응용할 수 있는 기회가 많다. 부동산시장에서 서울의 고가 아파트에 세금이 중과된다는 소식이 나오면 지방의 저가 아파트 가격이 오른다. 주식시장에서 광우병이나 아프리카 돼지열병의 소식에 수산물관련 회사들의 주가가 오르는 경우가 이에 해당한다.

시장 움직임을 공급량으로 미리 읽자

공급법칙은 수요법칙과 같은 논리로 생각하면 쉽다. 가격이 상승하면 공급량은 증가하고 이를 그림으로 나타내면 공급곡선은 수요곡선과 달리 우상향한다.

소비자 입장에서 수요를 이해하는 게 좋다면 공급은 생산자 입장

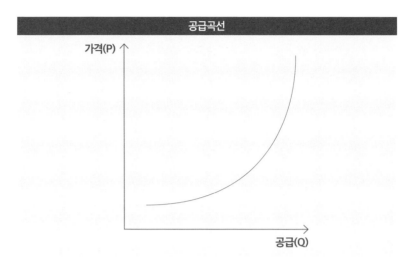

공급곡선

가격(P)

공급(Q)

에서 생각을 하면 좋다. 가격이 높게 형성될 때, 생산자는 높은 가격으로 공급량을 늘리고 싶어 할 것이고 가격이 낮게 형성될 때는 공급량을 줄이려 할 것이다.

공급곡선도 수요곡선과 마찬가지로 가격과 공급량의 관계는 위의 공급곡선 하나에 담겨 있다. 가격 이외의 변수가 변하게 되면 공급곡선도 이동하게 된다. 가격 외의의 변수에는 공급자 입장에서의 요소가격, 기술, 기대 등의 변화가 있다.

기술혁신이 이루어져서 같은 비용으로 더 많은 생산을 하게 되면 가격 변동 없이 공급곡선 자체가 우측으로 이동하여 공급량은 증가하고 가격은 낮아지게 된다. 경제학에서 기술혁신이 가장 중요한 경제성장의 이유라고 보는 이유다.

공급법칙도 주식시장이나 부동산시장에서 투자에 응용할 수 있다.

주식시장에서 대주주 물량 또는 기관 물량이 대량으로 나오거나, 유상증자로 주식 수가 증가하는 경우 주가에 악재로 작용한다. 이는 모두 공급량이 늘어나는 것이기 때문이다. 또한 부동산시장에서 주택 공급 물량의 확대는 주택 가격 안정의 정책으로 활용되며 주택 공급 물량이 제한적일 때 주택 가격이 올라가는 현상이 나타난다.

투자의 기본 '가격결정원리'

수요법칙에 의한 수요곡선과 공급법칙에 의한 공급곡선이 만나는 점에서 균형량과 균형가격이 결정된다. 즉 소비자는 싸게 사고 싶어 하고 판매자는 비싸게 팔고 싶어 하는데, 그 중간 어딘가에서 균형점

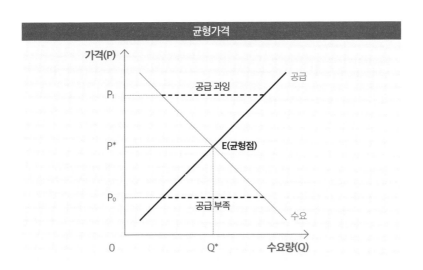

이 형성된다는 말이다.

'균형가격' 그림에서 보는 바와 같이 균형가격 아래에서는 사고자 하는 사람이 더 많아서 초과 수요가 발생하고 균형가격 위에서는 팔고자 하는 사람이 더 많아서 초과 공급이 발생한다. 또는 초과 수요가 발생하면 사고자 하는 사람이 더 많으니 가격이 오르고 초과 공급이 발생하면 팔고자 하는 사람이 더 많으니 가격이 내린다고 해석할 수도 있다.

이러한 가격 결정의 원리를 정확히 이해해야 부동산시장과 주식시장에서 투자에 성공할 수 있다. 결과적으로 투자 성공은 싸게 사서 비싸게 파는 행위에서 오기 때문이다. 본인이 산 주식, 본인이 산 부동산이 가격이 오르는 유일한 이유는 사고자 하는 사람이 팔고자 하는 사람보다 더 많기 때문이다.

추가적으로 하나 더 알아두면 좋은 것은 시장의 보이지 않는 손에 의하여 결정된 시장 가격이 늘 옳은 것은 아니라는 사실이다. 너무 싼 임금, 너무 비싼 주택 가격 등 공공의 이익에 반하는 시장 가격의 수정 보완을 위해서 정부에서는 정책적으로 최저임금제나 분양가 상한제 등을 시행한다. 시장 실패를 보완하기 위한 정부정책이 이중의 실패로 이르는 경우도 있다. 하지만 정부의 정책을 정확히 이해하고 그러한 정책이 시장의 가격에 어떠한 변동을 주는지를 알고 있는 것도 투자자로서 지녀야 할 기본 지식이다.

라면 값이 오르면 주가도 오른다

—◆•◆—

"수요와 공급도 어려운데 탄력성이라는 개념까지 이해하라고?"

그렇게 묻고 싶을지도 모른다. 그러나 중요한 개념이니 간단하게라도 알고 넘어가자. 탄력성 개념을 이해한다면 투자 성공에서 나아가 사업 성공에도 도움이 될 것이기 때문이다.

수요의 탄력성이란 가격이 변할 때 수요량이 변하는 정도를 말한다. 변하는 정도가 클수록 더 탄력적이라고 한다. 쌀과 같은 필수품이 명품 가방 같은 사치품보다 가격변동에 의한 수요량 변화가 덜하다. 쌀은 싸다고 더 많이 필요하지 않고 비싸다고 안 먹을 수도 없는 상품이지만 명품 가방은 할인 가격에 더 구매욕이 올라가고 높은 가격에는 구매욕이 떨어진다.

사업을 한다면 판매하는 상품이나 서비스의 수요탄력성을 반드시 파악하고 있어야 한다. 그래야 이익을 최대화할 수 있다. 필수품은 가격이 오르면 기업의 수입이 증가하는 반면 사치품은 가격이 오르면 수입이 감소한다는 것을 기억하고 가격 정책을 펴나가면 좋다. 이런 이유 때문에 우리 생활에 꼭 필요한 필수품인 주택 가격, 농수산물 가격, 보건의료 가격, 전기 가격 등을 정부에서 관리하고 있다.

투자 분야로 눈을 돌려보자. 주식시장에서 '라면 값이 오른다'는 재료에 라면 회사 주가가 상승하는 이유는 라면은 필수품이기 때문이다. 부동산시장에서 주택이 상가나 토지에 비해 가격의 등락에도 불구하고 보다 안정적인 수요가 지속적으로 발생하는 이유 역시 다른 부동산에 비해 주택이 더 필수품이기 때문이다.

공급의 탄력성은 가격이 변할 때 공급량이 변하는 정도를 말한다. 상품이나 서비스의 필요성보다는 기간에 따라 달라진다. 그 이유는 수요와 달리 공급은 생산 설비 증설과 같은 과정이 필요해서 단기적으로는 가격에 따라서 공급량이 크게 변화할 수 없지만 장기적으로는 변할 수 있기 때문이다.

3

생산을 이해하면 투자가 보인다

'아무도 믿지 마라.'
눈으로 확인하고 검증해보는 습관을 들인다면
투자성공의 확률은 지금보다 훨씬 높아질 것이다.

예산제약선과 투자 포트폴리오

미시경제의 기본 틀은 시장에서 가격이 결정된다는 것이다. 시장에서 가격을 결정하는 주체는 소비자와 생산자이다. 소비자는 어떤 선택 과정을 거쳐 상품을 고르고 적정한 가격을 선택하는 것일까. 경제학에서는 소비자는 기호에 따라 상품을 선택하고 가격은 예산에 따라서 결정된다고 한다.

'예산제약선'이란 주어진 소득으로 선택할 수 있는 재화의 조합을

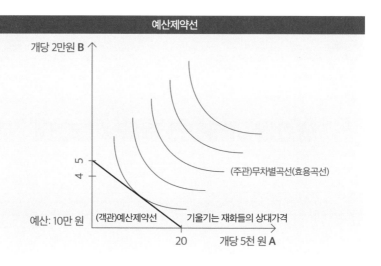

예산제약선

개당 2만원 B

4 5

예산: 10만 원

(객관)예산제약선

(주관)무차별곡선(효용곡선)

기울기는 재화들의 상대가격

20 개당 5천 원 A

말한다. '예산제약선' 그림처럼 주어진 예산이 10만 원이고 A상품은 개당 5천 원, B상품은 개당 2만 원이라고 한다면 예산제약선은 A20 개와 B5개 사이의 점을 연결한 직선으로 그릴 수 있다.

　본인 예산으로 최대한 살 수 있는 수량 조합 중에 어떤 상품을 몇 개 살 수 있는지는 소비자의 효용이자 만족도를 나타낸 무차별곡선 에 따라 달라진다. 예산제약선은 소득에 따른 객관적인 직선이며 무 차별곡선은 효용에 따른 주관적인 곡선이다. 이 두선이 접하는 곳에 서 소비자의 최적 선택이 결정된다.

　투자 포트폴리오 결정할 때 위 그래프를 잘 생각하며 구성하면 좋 다. 제한된 예산으로 부동산과 주식 중에 어디에 어느 비중으로 투자 할지는 전적으로 투자자의 효용과 만족도 그리고 행복의 척도에 따 라 달라진다.

투자 공부를 한 후에 개인 성향이 부동산 또는 주식 어느 쪽에 더 적합한지 잘 고려하고 포트폴리오를 구성해야 한다. 나아가 세부적으로 부동산 중에 주택, 상가 토지 등 어디에 투자할지 주식 중에 성장주, 가치주 어디에 투자할지도 개인의 주관적인 효용이 판단 기준이 된다.

투자가 어렵다고 느껴지는 이유는 모든 결정에 주관적인 효용 나아가서 위험에 대한 태도 등이 영향을 미치기 때문이다. 투자로 성공하기 위해서 자신의 예산제약선을 가지고 최적 포트폴리오를 어떻게 구성할지 주관적인 기준에 맞추어서 전략을 구성할 수 있는 노력을 하자.

기업의 목표와 투자자의 목표는 같다

경제학에서 말하는 기업의 목표는 이윤 극대화다. 기업이 언제, 어느 수준의 생산을 해야 하는지 결정하는 유일한 판단 기준은 이윤 극대화라는 의미다. 내가 생각하는 투자자의 절대 목표와 비슷하다. 개인적으로 투자자의 유일한 목표는 이익 극대화다.

모든 투자 판단의 기준을 이익 극대화의 관점으로 바라봐야 한다. 기업의 이윤은 총수입에서 총비용을 뺀 값이다. 총수입을 매출액이라고 한다면 기업은 이익 극대화를 위하여 매출을 높이거나 비용을 낮춰야 한다. 비용을 낮추려면 개당 생산원가를 낮추기 위한 최적 생산량을 계산해야 한다.

　기업에서 생산요소를 투입하여 생산물을 만들 때, 생산요소가 계속 증가해도 생산물의 양은 같은 비례로 증가하지 않고 증가분이 체감하면서 총량만 체증한다. 이것을 한계 생산물 체감의 법칙이라고 한다.

　일정 규모의 논에서 농사를 지을 때 경운기 1대가 투입되었을 때 늘어나는 생산물과 추가로 경운기를 2대, 3대로 늘릴 때 늘어나는 생산물의 양이 같지 않고 심지어 어느 순간부터는 총량이 더 늘지 않는 수준이 된다. 한계 생산물 체감의 법칙은 한계 비용 체감의 법칙과 동일한 논리며 비용이 최소화가 되는 생산량을 결정할 수 있다.

　이는 주식투자를 할 때 단기매매의 적정 투자금과 연관해서 생각할 수 있다. 보통 단기매매에 익숙한 트레이더라도 자신의 투자금 중에 일정 부분 3~5억 원 정도를 최대 투자금으로 정한다. 이는 한계 생산물 체감의 법칙과 관계가 있는데, 트레이딩 할 때 금액이 커질수록 증분수익이 적어지기 때문이다. 그래서 보통 트레이딩으로 큰돈을 벌게 되면 수익금을 이용해서 장기 투자 포트폴리오 비중을 높인다.

　기업의 비용 측면에서 하나 더 중요한 것이 있는데 바로 고정비용과 가변비용에 대한 이해다. 기업의 총비용은 고정비용과 가변비용의 합으로 이루어진다. 경기가 좋을 때는 고정비용이 큰 기업, 경기가 나쁠 때는 고정비용이 적은 기업이 상대적으로 유리하다. 이는 사업 운영이나 주식투자에서 특히 큰 팁이 된다. 경기가 좋아질 것이라고 예상이 된다면, 사업에 설비 투자를 하거나 경기민감주(장치산업) 등에 투자를 하면 성공할 확률이 높아질 것이다.

여러 가지 시장의 특징들

경제학에서 시장은 완전 경쟁시장, 독점시장, 독점적 경쟁시장, 과점시장 등으로 구분한다. 먼저 완전 경쟁시장의 가장 큰 특징은 진입 장벽이 거의 없다는 것 그리고 가격 수용자라는 점이다.

등산로 입구에 나물을 파는 아주머니들의 바구니에 담겨 있는 내용물을 보면 거의 비슷한 경우가 많다. 나물의 종류도 비슷하고 판매하는 가격도 거의 같다. 전통 시장에서의 생선 가게, 과일 가게 등도 모두 가격이 비슷하다는 점에서 진입 장벽이 매우 낮은 경쟁시장이라 할 수 있다.

이처럼 시장의 진입과 퇴출이 자유로운 완전 경쟁시장의 적정 가격은 소비자에게는 장점이지만, 생산자에게는 단점이 되어서 기업의 이윤은 장기적으로 0이 된다.

독점시장은 시장의 유일한 생산자로 경쟁자가 없기 때문에 경제학적으로는 가장 비효율적인 시장이다. 자본주의 사회의 기본구도가 경쟁인데 경쟁이 없는 독점 시장의 독점 기업은 소비자와 생산자 두 주체 모두에게 비효율적이다. 우리나라의 경우 국가 기업 또는 공사 등이 이에 해당한다. 주식투자자들이 한국전력 등의 기업들에 매력을 느끼지 못하는 이유다.

독점적 경쟁시장의 특성은 많은 수의 기업, 자유로운 진입과 퇴출 등은 완전 경쟁시장과 유사하지만, 가장 큰 다른 점은 경쟁시장과 달리 차별화된 상품을 판매한다는 것이다.

경쟁시장에 속하는 떡볶이를 파는 분식집들은 맛도 비슷하고 가격도 비슷하지만, 브랜드 가치가 있는 일부 분식집들은 자체 개발 소스나 토핑 등으로 차별화된 상품을 개발해 경쟁업체들과 달리 자신들이 가격 결정을 할 수 있다. 따라서 우리의 사업 또는 주식투자에서의 종목선정 시에 업종의 특성이 진입 장벽이 높은지 그리고 낮다면 그 기업이 보이지 않는 브랜드 가치가 있는지 등을 중요하게 생각하는 습관을 가져야 한다.

마지막으로 과점시장은 독점시장처럼 1개가 아닌 3~5개 정도의 기업이 카르텔과 유사한 형태로 독점 기업처럼 행동할 수 있는 시장을 말한다. 국내 대형 가전 시장이나 통신 사업자 시장 또는 라면 시장 우유 시장 등이 이에 해당한다. 주식투자자들에게 가장 매력적인 기업은 과점 기업의 선도 기업 또는 독점적 기업 중에 차별화된 브랜드 가치가 높은 기업 등이다.

이론으로 확인하고 검증할 것

기존 경제학에서는 모든 시장 참여자들은 합리적이라고 가정한다. 소비자들은 싼 가격에 사려 하고 생산자들은 이윤 극대화를 추구한 다는 가정은 예외 없이 모든 시장 참여자들에게 적용되어야 한다는 뜻이다. 하지만 현실에서도 적용될까?

세상은 비합리적이며 비논리적인 결정을 하고 상식으로 이해할 수 없는 몰상식한 행동을 하는 사람으로 차고 넘친다. 이러한 비이성적 인 행동의 공통점을 연구하는 게 행동경제학이다. 사람들이 효용에 만 관심 있는 것이 아니며 때로는 공평성에 관심을 갖기도 하고 때로 는 감정적으로 판단하여 일관된 행동을 유지하지 못하기도 한다.

행동경제학에 대한 공부를 하다보면 투자자들의 잘못된 선택이나 행동이 다수의 경우 개인의 심리 때문에 나타남을 알 수 있다. 즉 개 인의 행동에 더 영향을 미치는 것이 합리적 이성이 아닌 개인적 감성 또는 심리일수 있다. 투자자로서 가슴에 손을 얹고 생각해보자. 여태 껏 합리적 이성에 의한 투자 결정만 내렸는지 아니면 개인적 감성 또 는 극도의 공포나 탐욕 같은 심리상태에서 투자 결정을 내린 적은 없 는지 말이다.

또 하나 생각해볼 문제는 개인은 합리적인 결정을 내렸지만 그 결 정을 내리기 위해 주어진 정보가 비대칭인 경우가 있는 점이다. 이해당사자들이 정보를 공유하지 않을 때 굉장히 큰 문제인 역선택 또는 도덕적 위험이 발생할 수 있다.

역선택의 예로 중고차 시장의 비대칭정보를 들 수 있다. 중고차 시장에는 좋은 차를 사려고 오는 매수자와 좋지 않은 차를 팔려고 오는 매도자가 존재한다. 차에 대한 정보가 공유된다면 아무 문제가 발생하지 않는다. 그러나 차에 대한 정확한 정보를 매도자가 가지고 있고 다른 정보를 매수자에게 제공한다면 매수자는 타의에 의해서 잘못된 선택을 하는 위험에 빠지게 된다.

이는 투자 세계에서 가장 중요한 경제학 이론 중에 하나다. 부동산 시장의 기획 부동산 회사 또는 주식시장의 작전 세력들은 거짓 정보를 이용하여 투자자들의 잘못된 선택을 유도하고 자신들의 사악한 배를 채우곤 한다.

타의에 의한 투자 실패의 우를 범하지 않기 위해서는 남의 말을 그대로 믿지 말고 언제나 구체적인 확인을 통해서 정보의 사실 유무를 파악해야 한다.

나는 주식투자를 20년 이상 했는데 가장 좋아하는 문구가 '아무도 믿지 마라'다. 사실 더 정확한 의미는 '아무 정보도 믿지 마라'는 것이다. 자신의 눈으로 확인하고 검증해보는 습관을 들인다면 투자성공의 확률은 지금보다 훨씬 높아질 것이다.

4

반드시 알아야 할 경제지표

우리나라 인구는 세계 28위며 국토면적은 107위다.
이를 감안할 때 '한강의 기적'은 계속 되고 있다고
자부심을 가져도 충분하다.

인구 28위, 국토면적 107위, GDP 10위

앞에서 미시경제학에 대한 기본을 설명했다. 지금부터는 거시경제학의 기본과 나아가 국제 경제의 기본에 대해서 공부할 것이다. 대부분의 경제학원론 서적에서 거시경제를 다룰 때 제일 처음으로 나오는 내용은 국민소득과 물가에 대한 설명이다.

그 이유는 이 두 지표가 한 나라의 경제에서 가장 중요한 지표이기 때문이다. 그런데 가만히 보면 미시경제에서 시장에서 결정

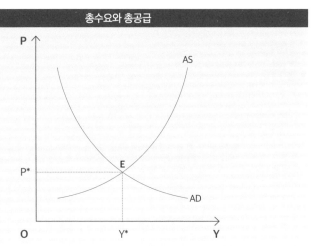

되는 균형가격과 균형량 그리고 거시경제에서 국가에서 결정되는 GDPGross Domestic Product와 물가는 비슷한 논리라는 것을 알 수 있다. '총수요와 총공급' 그림을 보면 좀 더 이해하기 쉽다.

경제학을 배울 때 처음 접하는 이론인 수요공급법칙에서 수요 Demand와 공급Supply 앞에 ALL의 A자만 붙이면 총수요와 총공급이 된다. 그리고 AS와 AD가 만나는 점인 균형점에서 한 나라의 경제성장의 지표인 균형 GDP가 결정되며 균형물가 PPrice가 결정된다. 수요공급곡선에서는 그 지점을 가격이라고 했지만 한 나라의 경제를 다루는 총수요─총공급곡선에서는 바로 물가가 된다.

이처럼 GDP는 한 나라에서 일정 기간 생산된 모든 최종 재화와 서비스의 시장 가치로서 총수요와 총공급이 만나는 균형점에서 결정된다. GDP와 비슷한 개념으로 국민총생산을 나타내는 GNP가 있지만 과거와 달리 글로벌 경제 시대가 되면서 어느 나라 국민이 생산했는지보다 어디에서 생산되었는지가 더 중요한 시대가 되었다.

경제학에는 양의 개념을 구분할 때 일정 기간 측정되는 유량과 특정 시점에 측정되는 저량으로 나누는데 GDP는 일정 기간의 합으로 계산되는 대표적인 유량 개념의 수치이다. 참고로 투자자들에게 매우 중요한 재무제표 중에 재무상태표는 특정 시점의 재무상태를 나타낸 표이므로 저량 개념, 손익계산서는 일정 기간의 경영성과를 나타낸 표이므로 유량 개념이다. 이를 알면 재무제표에 대한 개념을 보다 정확히 이해할 수 있다.

GDP를 생산 측면에서 보면 한 나라에서 생산된 모든 시장 가치인 총생산을 뜻하며, 지출 측면에서 보면 한 나라에서 지출된 모든 시장

세계 GDP 순위

순위	국가	금액	
❶	미국	20조 4,940억 7,984만 5,390.2	━━━━━━━━━━
❷	중국	13조 6,081억 5,186만 4,637.8	━━━━━━
❸	일본	4조 9,709억 1,555만 6,639.9	━━
❹	독일	3조 9967 5929 1057.8	━
❺	영국	2조 8,252억 3,794만 7,502.9	━
❻	프랑스	2조 7,775억 3,523만 9,278	━
❼	인도	2조 7,263억 2,261만 6,281.3	━
❽	이탈리아	2조 739억 198만 8,878.2	━
❾	브라질	1조 8,686억 2,608만 7,908.5	━
❿	한국	1조 7,208 9천만	━

(2018년 통계청 기준·단위: 달러)

가치인 총지출을 뜻한다. 또한 소득 측면에서 보면 한 나라에서 발생한 모든 소득의 가치인 총소득을 뜻하므로 국내총생산과 국내총지출 그리고 국내총소득은 모두 같은 의미라 할 수 있다.

GDP의 지출 측면을 조금 세분화하여 살펴보면 국민의 소비, 기업의 생산을 위한 투자, 정부의 구매, 그리고 순수출 이 네 가지의 합이다. 따라서 GDP가 올라가기 위해서는 소비, 투자, 정부구매, 순수출이 증가해야 한다. 경기 활성화를 위해 정부가 국민 소비를 활성화하고자 노력하거나 기업의 투자를 유도하고 정부지출을 늘리며 수출산업을 지원하는 이유가 여기에 있다.

GDP는 한 나라의 경제 규모를 나타내는 지표이므로 높을수록 좋다. G2라 할 수 있는 미국과 중국이 1위와 2위다. 우리나라는 2018년도 기준 세계 10위를 기록하고 있다.

인도와 브라질이 포함되어 있는 것을 의외라고 생각하는 분들이 많다. 인도는 인구수 세계 2위에 국토면적 세계 7위다. 브라질은 인구수 6위에 국토면적 세계 5위의 국가다. 이를 보면 인구와 국토면적이 한 나라의 총생산을 나타내는 GDP와 연관성이 높다는 것을 알 수 있다. 우리나라 인구는 세계 28위며 국토면적은 107위다. 이를 봤을 때 '한강의 기적'은 계속 되고 있다고 자부심을 가져도 충분하다.

편하게 경제 기사 읽기

GDP 개념이 가장 중요하지만 경제기사 등을 편안히 읽기 위해서 관련된 지표도 정확하게 알아두면 좋다.

① GNP (Gross National Product) 국민총생산
② NNP (Net National Product) 국민순생산 (-감가상각)
③ NI (National Income) 국민소득 (-간접세+보조금)
④ PI (Personal Income) 개인소득 (+이전소득-법인세)
⑤ DPI (Disposable Personal Income) 개인가처분소득 (-개인세)

이들 지표는 기본적으로는 GDP와 같은 방향으로 유사하게 움직인다. 좀 더 구체적으로 살펴보면 P로 끝나는 것들은 생산 측면, I로 끝나는 것들은 소득 측면의 지표다. 이중 가장 중요한 구분은 GDP와 GNP의 구분이다. 생산 지역을 중시하는 GDP에는 국내 체류 중인 외국인 근로자의 생산도 포함되지만 국민의 총생산을 나타내는 GNP에는 해외 체류 중인 한국인의 생산이 포함된다.

우리가 주식투자를 할 때 기업의 매출액이나 영업이익 그리고 당기순이익이 증가하는지를 보면서 기업의 성장성을 확인하듯이, 한 나라의 GDP도 직전 연도 대비 증가했는지 하락했는지가 중요하다. 더불어 세계 여러 나라를 비교하고 성장률이 높은지 낮은지 살펴보는 것도 중요하다.

인플레이션? 디플레이션?

앞에서도 말했지만 한 나라의 경제지표 중에 GDP만큼 중요한 것
이 물가다. 물가의 변동에 따라 이자율 정책이 결정된다. 그리고 투
자자들이 인플레이션이나 디플레이션에 민감하게 반응을 하는 이유
도 물가가 그만큼 중요하기 때문이다. 여러 가지 물가지표 중에 가
장 중요한 것은 소비자 물가지수 CPIConsumer Price Index다. 소비자
물가지수는 기본적으로 재화와 서비스의 가격을 기준 연도와 비교하
여 계산한다. 소위 말하는 인플레이션을 즉 물가상승률은 바로 이렇
게 계산된 소비자 물가지수의 상승률을 말한다. 소비자 물가지수가
소비재의 물가를 나타낸다면 생산자 물가지수 PPIProducer Price Index

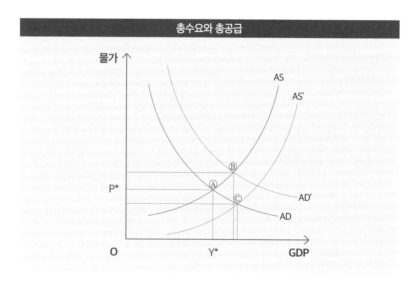

는 생산재의 물가를 나타낸다.

'총수요와 총공급' 그림을 보면 물가의 상승을 좀 더 직관적으로 이해할 수 있다. Ⓐ에 위치하고 있던 균형점이 총수요가 증가한다면 Ⓑ로 이동하게 된다. 즉, 한 나라의 총수요가 증가하면 GDP가 증가하고 물가도 상승한다는 것을 알 수 있다. 반면 총공급이 증가한다면 Ⓐ에서 Ⓒ으로 균형점이 이동하는데 GDP가 증가하고 물가가 하락하는 것을 알 수 있다. 한 나라의 국민생산성이 높아지거나 기술혁신이 이루어지는 경우가 이에 해당한다.

여기에서 알 수 있는 것은 소비 진작이나 기업의 투자 확대를 통한 총수요 증가도 중요하지만 공급 측면에서의 기술혁신, 교육, 생산성 향상 등이 더 중요하다는 사실이다. 후진국은 소비 촉진이나 정부지출 확대 정책 등을 펼치지만 급격한 물가상승으로 살인적인 인플레이션을 겪게 된다. 그러나 선진국은 교육을 통한 생산성 향상과 기술혁신을 통하여 안정적인 경제성장을 이룩한다.

우리나라도 세계 10위의 GDP 수준에서 한 단계 더 성장하기 위해서는 과감한 기술 집약 산업에의 민·관·학 협동 투자가 이루어져야 한다.

물가상승률 이상의 투자수익률 확보하기

경제학의 여러 지표들 중에는 명목과 실질로 구분되는 것들이 있다. 예를 들면 명목 이자율과 실질이자율, 명목 임금과 실질 임금 또는 명목 GDP와 실질 GDP 등이 있다.

경제학에서 명목과 실질의 구분은 물가상승률의 반영 여부에 따른 구분이다. 물가상승률이 5%인데, 근로자의 임금이 5% 올랐다면 명목 임금은 5% 올랐지만, 실질 임금은 전혀 인상이 안 된 것이다. 명목과 실질의 차이가 물가상승률의 반영 여부라면 당연히 명목 지표보다 실질 지표가 훨씬 중요하다.

투자자들에게도 물가상승률이 반영된 실질 개념은 매우 중요하다. 투자수익률을 계산함에 있어서도 물가상승률을 반영하면 보다 정확한 투자수익률을 계산할 수 있다. 10년 전의 짜장면 가격과 지금의 짜장면 가격을 비교해본다면 화폐의 구매력이 얼마나 감소하고 있음을 알 수 있다. 화폐의 구매력 감소를 생각했을 때 금고나 낮은 은행 이자율로 만족하기보다 투자를 통해 물가상승률 이상의 투자수익률 확보를 위해서 노력해야 한다.

5
언제 투자해야 하는가

우리나라는 인구가 적고, 국토 면적이 좁다.
그리고 자원은 부족하다.
그래서 기술과 지식을 발전시켜 생산성을 높일 수밖에 없다.

기술·지식 집약 산업은 발전한다

경제학에서는 한 나라의 경제는 성장과 하락을 반복하면서 변동한다고 가르친다. 이것은 투자자에게 매우 중요한 개념이다. 경제성장과 경기변동을 정확히 이해하고 투자에 적용해야 한다.

탑다운TOP-DOWN* 분석이 중요한 이유 즉 개별 투자 대상에 대한

---

*   주식을 선택하는 방법. 거시경제 분석을 통해 유망산업을 선정하고 그다음 세부 기업을 찾아내는 방식.

분석만큼이나 시장 전체의 경기변동 분석이 중요한 이유다. IMF 위기나 미국발 금융위기 때 주식시장과 부동산시장이 침체되었다가 결국 큰 폭으로 상승된 것을 기억하는 투자자라면 더욱 집중하자.

먼저 한 나라의 생산성을 결정하는 4가지 요인에는 근로자 1인당 물적·인적 자본, 자연 자원, 기술, 지식이 있다. 인구, 국토 면적, 자원 등이 생산성 결정에 중요한 요인인데 우리나라의 경우에는 인구가 적고, 국토 면적이 좁다. 그리고 자원은 부족하다. 그래서 기술과 지식을 발전시켜 생산성을 높일 수밖에 없다. 이것이 우리나라에서 반도체, 제약바이오, 자동차 등의 산업이 발전한 이유다. 앞으로도 이러한 기술·지식 집약 산업이 발전할 수밖에 없다.

한 나라의 경제성장률을 나타내는 지표는 GDP 성장률이다. 정부는 GDP를 성장시키기 위해서 소비와 투자를 장려하기도 하고 외국 자본의 투자 촉진 활동을 펼친다. 또한 교육 지원이나 산업 지원을 통해 기술 지식을 높이고 기술혁신이 가능하게 한다. 특히 우리나라의 경우 세계 유일의 분단국가이므로 지정학적 리스크를 낮추기 위해서 정치적 안정 또는 남북관계의 안정을 추구하고 있다.

경제성장을 위한 저축의 중요성에 대해서는 개념이 조금씩 변화되고 있다. 과거에는 저축이 미덕이라고 했다. 그 이유는 저축을 해야 금융권에 돈이 모이고 모인 돈으로 기업이 은행에서 대출을 받아 투자를 했기 때문이다.

달리 생각해보자. 저축은 '소비를 하지 않은 돈'이기도 하다. 우리가 소비를 하는 행위 또한 GDP를 높이는 방법 중 하나다. 그래서 요즘에는 과거에 비해 저축을 강조하지 않고 있다. 부자가 되고 싶다면 합리적인 소비를 하고 남은 돈은 저축보다는 투자에 집중하길 권한다. 특히 주식투자는 기업에 투자하는 것이므로 의미 있는 행위가 될 수 있다.

인구 증가와 경제성장도 밀접한 관련이 있다. 일반적으로 인구가 증가하면 경제성장에 도움이 된다. 다만 우리나라는 영토가 좁고 수도권에 인구가 밀집되어 있다. 이를 고려하면 인구 증가는 부동산시장의 가격 상승에 대한 부담으로 다가온다. 또한 인구 증가로 인해 국민 1인당 교육지원비의 감소 등의 단점도 생겨난다.

GDP와 주가는 우상향한다

경기변동은 '국민소득을 비롯한 경기지표가 상승과 하락을 주기적으로 반복하며 경제 전체의 충격에 대해 경제 주체들이 반응하는 과정에서 나타내는 현상'을 말한다. 가장 대표적인 지표인 GDP가 시간의 흐름에 따라 변화하는 그림을 그리면 아래와 같다.

저점을 지나 회복기를 거치고 확장기를 지나면 경기정점이 오고 정점을 지나 후퇴기를 거치고 수축기를 지나면 다시 저점이 온다. 이러한 상승국면과 하강국면이 반복된다는 것이 경기변동론이다.

경기변동의 상승과 하락 그리고 단기추세와 장기추세가 확장과 수

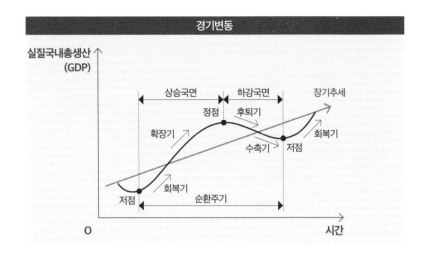

경기변동

실질국내총생산 (GDP)

상승국면　하강국면　장기추세

정점　후퇴기

확장기

회복기

수축기　저점

저점　회복기

순환주기

O　시간

축을 하며 장기적으로는 우상향을 하는 모습이 주식시장의 그래프와 매우 비슷한 모습이다. 이는 너무 당연한 것인데 주식시장이 경기의 선행지표이기 때문이다.

경기변동은 경제의 흐름, 경제의 변화를 나타내는 이론이다. 따라서 경제의 변화에 맞추어 주식시장이 변화한다는 것을 기억하면 된다. 주식시장은 경기의 선행지표이므로 경기보다 조금 더 빨리 움직일 뿐 시간차를 제거한다면 결국 같은 방향으로 움직인다.

그렇다면 무엇이 경기의 변동을 일으키는 것일까? 세계적인 경제학자들 세 명의 이유를 보면 다음과 같다.

❶ 케인스*: 민간 기업의 투자 지출 변화에 의한 총수요 측면

───────────────

＊　존 메이너드 케인스John Maynard Keynes: 거시경제학과 경제 정책 분야에서 기존의

❷ 프리드먼*: 통화량에 의한 화폐적 충격

❸ 슘페터**: 기술이나 생상성 등 공급요인이 가장 중요

총수요 측면을 강조한 케인스는 기업의 투자에 의해서 총수요가 증가하는 것이 중요하다고 보았고 통화학파의 프리드먼은 통화 정책에 의한 유동성 공급이 중요하다고 보았다. 반면 슘페터는 총공급 측면에서 이유를 찾았고 기술혁신을 가장 중요한 이유로 꼽았다.

요즘은 4차 산업혁명의 시대다. 4차 산업의 기술혁신이 총공급곡선을 얼마나 우측으로 이동시키는지 잘 지켜봐야 한다. 기술혁신이 기대치만큼 또는 그 이상으로 성공한다면 경기는 장기간 성장하고 주식시장 또한 장기간 우상향할 것이기 때문이다.

나는 주식투자 초보 시절 한 권의 책을 읽고 큰 도움을 얻었다. 빌 게이츠의 『생각의 속도』인데 이 책을 읽으며 경제 패러다임의 변화를 인지하고 벤처 열풍이 불 때 인터넷 사업을 영위하는 벤처 기업에 투자해서 큰돈을 벌수 있었다. 최근의 4차 산업혁명 관련 산업에 관심을 가져야 하는 동기부여가 되었으면 한다.

이론과 관습들을 변화시킨 영국경제학의 대표자.

* 밀턴 프리드먼Milton Friedman: 자유주의 시장경제 옹호자로 거시경제학을 위시하여 미시경제학, 경제사, 경제통계학에 큰 기여를 함.

** 요제프 슘페터Joseph Alois Schumpeter: 오스트리아-헝가리 출신의 미국 경제학자. 창조적 파괴라는 용어를 경제학에서 널리 퍼뜨림.

주식시장의 4국면

우라가미 구니오는 저서 『주식시장 흐름 읽는 법』을 통해서 주식
시장을 금융장세, 실적장세, 역금융장세, 역실적장세의 4국면으로 분
석한다. 물론 회복기, 확장기, 후퇴기, 수축기 경기변동 4국면과 딱 맞
아 떨어지지는 않지만 굉장히 의미 있는 분석이기에 지면을 빌어 소
개하기로 한다. '주식시장의 4국면'과 '경기변동 4국면' 표를 보면 이
해가 쉽다.

주식시장의 4국면				
	금리	기업실적	주가	
금융장세	↓	↘	↑	경기 침체로 생산 투자 위축, 금리 인하, 시중자금 단기 재테크로 몰려 주가 상승
실적장세	↗	↑	↗	실물 경기와 기업 실적이 좋아서 주가 전반이 오르는 증시 상황
역금융장세	↑	↗	↓	실물경기는 좋지만 정부 긴축 정책과 금리인상으로 유동성이 흡수돼 주가 하락
역실적장세	↘	↓	↘	경기 후퇴 기업 실적 하락

경기변동 4국면	
회복 국면	생산, 소비 증가, 실업자 감소
확장(호황)국면	생산재산업, 소비재산업 순으로 성장
후퇴국면	생산, 소비 감소, 실업자 증가, 이자율 상승
수축(불황)국면	기업 도산, 실업자 증가 등 심하면 공황 발생

큰 틀에서 보면 주식시장 4국면은 금리와 기업실적의 변화로 주식시장의 변화를 나타냈다. 경기변동 4국면은 GDP의 변화에 따른 특징을 시기로 구분했지만 내용이 유사함을 알 수 있다. 투자자들 입장에서 탑다운 분석을 할 때 가장 중요하게 지켜봐야 할 지표가 GDP와 이자율임을 확인할 수 있다.

투자자는 경기의 변수를 읽어야 한다

경기변동을 추정할 때 관련 지표들은 시기는 조금씩 다르지만 모두 GDP 중심으로 같은 방향으로 움직인다. 시기에 따른 주요 지표는 다음과 같다.

❶ 경기 선행 변수: 통화량, 주가
❷ 경기 동행 변수: 생산, 소비, 투자, 고용
❸ 경기 후행 변수: 이자율

통화량이 GDP에 선행한다는 것에 주목할 필요가 있다. 돈의 힘으로 가는 유동성장세에서 투자자들이 기업실적이나 GDP 즉 실물경기에 비해서 주식시장이 너무 좋지 않은지에 대한 의문을 가지는 경우가 있다. 통화량과 주식시장이 실물 경기의 선행 지표임을 정확히 이해하기 바란다.

또한 이자율은 경기 후행 변수다. GDP가 상승하여 물가가 상승하거나 GDP가 하락하여 물가가 하락하는 경우에 이자율의 조정으로 경기를 조절하기 때문에 후행 변수라 할 수 있다.

앞서 말한 것처럼 GDP는 소비+기업투자+정부지출+순수출이므로 당연히 생산, 소비, 투자, 고용에 관련된 지표는 경기 동행 변수다. 특히 고용은 중요한 지표로 실업자가 증가하면 기업의 투자가 위축되고 개인의 소비가 감소하기 때문에 고용지표를 잘 살펴봐야 한다.

투자자라면 경제 뉴스를 매일 확인해야 한다. 그런데 무엇을 봐야 하는지 몰라 대충 읽는 경우가 많다. 기업의 동향이나 산업의 분석기사도 중요하지만 경기의 선행 변수, 동행 변수, 후행 변수에 대한 기사들이 있다면 꼼꼼히 읽어보도록 하자. 그러면 지금 경기가 호황으로 가고 있는지, 불황으로 가고 있는지에 대한 예측 능력을 빠르게 키울 수 있다.

6

물가, 올라도 걱정 내려도 걱정

물가는 올라도 걱정 내려도 걱정 이래저래 걱정이다.
티베트 속담에 '걱정을 해서 걱정이 없어지면 걱정이 없겠네.'가 있다.
이 속담처럼 너무 걱정한다고 해결될 건 없다.

미국 금리정책 파악하기

FED(Federal Reserve)	연방준비제도
FRB(Federal Reserve Board)	연방준비제도이사회
FOMC(Federal Open Market Committee)	연방공개시장위원회

　주식투자자라면 위에 FED, FRB, FOMC와 같은 용어를 많이 들어봤을 것이다. 미국의 금리정책을 결정짓는 기구로서 우리나라에서 비슷한 기관으로는 한국은행이 있다.

사실 우리나라 주식시장에 한국 금리변화보다 미국 금리 변화가 더 큰 재료로 반영이 되고 있기 때문에 이런 기구들에 대해서 알아둘 필요가 있다. 금리정책은 주식시장, 나아가 한 나라의 경제에 굉장히 큰 영향을 미친다. 특히 미국의 금리정책은 미국의 경제에 영향을 끼칠 뿐 아니라 다른 나라의 금리정책에도 영향을 미치기 때문에 더 중요하다.

미국은 각각의 주가 합쳐져서 한 나라를 이루는 연방국이다. 각각의 독립적인 주가 있고 그 주들이 모인 연방이 있다. 그래서 연방준비제도와 연방준비제도이사회가 존재하며 이사회 내에서 통화 정책을 결정하기 위한 위원회가 경제 뉴스에서 자주 언급되는 연방공개시장위원회다.

미국발 글로벌 금융위기 이후에 FOMC의 금리정책을 개략적으로 살펴보면 2008년 12월 제로금리에 진입한 이후 2015년 12월 금리를 0.25bp 인상할 때까지 만으로 7년간 제로금리 시대가 지속됐다. 그 후 금리인상 정책을 고수하던 FOMC는 2020년 코로나19 팬데믹에 다시 제로금리로 금리를 인하했다.

FOMC의 금리정책을 간단히 살펴봤다. 이 내용으로 금리정책을 어떻게 경기 조절에 이용하는지를 알 수 있다. 금리를 낮춘다는 것은 통화량을 많게 해서 경기를 활성화시킨다는 것이니 경기가 안 좋을 때 쓰는 정책이다. 금융위기나 코로나19 위기에서 금리인하를 전격 단행하는 것처럼 말이다. 물론 금리인상은 통화량을 줄이고 경기를 조절하여 물가를 낮추는 효과가 있다.

"경기가 좋은데 굳이 왜 경기를 조절하나요?"

이런 반응이 나올 수도 있지만, 인플레이션이 너무 심해지면 화폐 가치가 크게 하락하고 한 나라의 경제가 무너질 수도 있다. 앞에서도 한 번 설명했지만 경제학자 프리드먼은 '통화량에 의한 화폐적 충격'이 경기 변동의 주요 요인이라고 했다. 이런 이유로 한 나라의 경기를 조절함에 있어서 금리정책은 매우 중요하다.

'매파'와 '비둘기파'라는 단어가 FOMC 회의 관련 뉴스에 나오곤 한다. 매파와 비둘기파는 베트남전쟁 당시 처음 나온 단어다. 전쟁을 계속하자는 파를 매파라 부르고 전쟁을 그만두자는 파를 비둘기파라고 불렀다고 한다.

그 단어가 현재까지 이어지면서 정부정책에 있어서 공격적이고 급진적인 정책을 펴는 무리를 매파, 온순하고 평화적인 방법을 펴는 무리를 비둘기파라고 부른다. 매파는 금리인상을 선호하고, 비둘기파는 금리인하를 선호한다.

통화량을 조절하는 세 가지 수단

우리가 자주 접하는 기준금리를 조절하는 방법 이외에 통화량을 조절하는 대표적인 세 가지 정책은 다음과 같다.

① 공개 시장 조작

공개 시장 조작 정책은 국채 매입이나 국채 발행을 통하여 통화량을 조절하는 정책이다. 중앙은행에서 시장에 있는 국채를 매입하면 중앙은행의 돈이 시장으로 풀려 통화량이 증가하고 국채를 발행하면 통화량이 감소한다.

② 법정 지급준비율 조정

법정 지급준비율은 은행에서 예금자에게 지급할 부채의 일정 부분을 준비해놔야 하는데 그 비율을 말한다. 법정 지급준비율을 높이면 그만큼 은행은 돈을 더 많이 보유해야 되기 때문에 시장의 통화량은 줄어들고 반대의 경우 통화량은 늘어난다.

③ 재할인율 조정

재할인율은 쉽게 말하면 중앙은행이 시중 은행에 빌려주는 자금의 이자율을 말한다. 중앙은행이 재할인율을 높이면 시중 은행에 자금이 적게 흘러가서 통화량이 감소하고, 반대의 경우 통화량은 증가한다.

투자자들에게는 유동성 공급이 되어야 주식시장이나 부동산시장이 활성화되므로 국채 매입, 법정 지급준비율 인하, 재할인율 인하가 호재로서의 가치가 있다. 위에서 한 번 설명했지만 이자율을 조정하는 금리정책이 가장 효과가 있기 때문에 시장에서도 재료 가치가 가장 크다. 한국은행의 금리정책도 중요하지만 FOMC 일정을 확인하면서 미국의 금리정책이 어떻게 진행되는지를 꼼꼼히 확인하는 습관을 가지도록하자.

통화량이 늘어날 때 경기가 상승하는 이유

경제학에서 통화량은 워낙 중요하기 때문에 관련 이론들이 꽤 많은데 이중에 피셔 효과, 화폐의 중립성, 화폐수량설에 대해서 간단히 알아보자.

① 피셔 효과

시장의 명목금리는 실질금리와 예상 인플레이션율의 합계라는 이론이다. 예들 들면 시장의 실질금리가 2%이고 예상 인플레이션율이 2%라면 시장의 명목금리는 4%라는 뜻이다. 예상 인플레이션율이 높아질수록 명목금리도 올라간다고 생각하면 편하다. 우리나라 IMF 시절 물가와 금리가 동시에 급상승했던 것을 떠올리면 이해가 빠를 것이다.

② 화폐의 중립성

통화량이 변화해도 실질 변수에 영향을 미치는 것이 아니고, 명목 변수인 물가에만 영향을 미친다는 이론으로 피셔 효과와 비슷한 이론이다. 금융정책의 유용성이 거의 없다는 이론이라고 할 수 있다.

③ 화폐수량설

한 경제에 유통되는 화폐의 양이 물가수준을 결정하며 통화량의 증가율이 인플레이션율을 결정한다는 이론이다. 오래 전에 배웠던 경제학 교수님이 통화는 경제에 흐르는 돈으로 인체의 피와 같은 역할을 한다고 했다. 그 말을 요즘 많이 공감한다. 피가 모자라거나 잘 안 통하면 건강에 큰 이상이 생기는 것처럼 통화량이 부족하면 경제에 큰 이상이 생긴다.

주식시장에도 비슷한 개념이 있는데 바로 예수금이다. 예수금이란 주식계좌에 있는 돈이며 예수금이 증가할수록 주식시장에는 호재이다. 예수금이 증가하면 거래량(거래대금)이 늘어나고 거래량이 늘면 주가가 상승할 확률이 높아지기 때문이다. 이러한 거래량의 중요성을 말한 '주가는 속일 수 있지만 거래량은 속일 수 없다'라는 주식 격언도 있다.

부동산시장도 마찬가지다. 부동산시장에 큰 자금이 들어오고 분양 경쟁률이 수백 대 1이 넘어선다는 뉴스가 나올 때마다 부동산 가격 상승이 나왔다는 것을 생각하면 된다. 주식 가격이든 부동산 가격이든 수급에 의해서 결정되고 유입된 투자금이 많다는 것은 그만큼 수요가 많다는 것이다.

경제가 성장하면 물가는 오른다

위의 여러 가지 통화이론들은 모두 통화량과 인플레이션에 관련된 이론이다. 인플레이션에 대해서 조금 더 설명해보겠다. 이자율은 통화량에 영향을 주고, 통화량은 인플레이션(물가상승)에 영향을 준다. 물가가 지속적으로 오르는 현상을 잡지 못하여 소위 말하는 초 인플레이션 상황이 된다.

이때 어떤 상황이 벌어질까. 만약 1년 동안 물가가 두 배 오르는 초인플레이션이 온다면 상품과 서비스는 가격이 두 배가 되고, 화폐의 구매력 즉 화폐 가치는 절반으로 하락한다. 이러한 무서운 인플레이션 상황을 사전에 막기 위해 통화량을 조절하고, 이자율을 조정하는 등의 금리정책을 정부가 펴는 것이다.

그렇다면 물가가 오르는 것만 조심하면 될까? 물가가 내리는 현상인 디플레이션을 생각해보자. 대표적으로 일본의 장기침체 10년 시기가 있다. 미국과의 경제전쟁에서 패한 이후 일본의 불황이 시작됐다. 상품, 서비스 물가뿐 아니라 자산시장의 침체가 오래 지속되었던 시기다.

사실 과한 인플레이션도 좋지 않은 상황이지만 디플레이션은 더 나쁜 상황이라고 생각한다. 물가가 내려간다는 건 GDP 성장이 없다는 것이고 마이너스 성장이 지속되면 소비 위축, 투자 위축 등의 악순환이 계속될 확률이 높다.

내가 아주 어렸을 때 500원 하던 짜장면이 1,000원, 3,000원, 5,000

원이 넘는 시대가 되었지만 여전히 맛있는 짜장면을 사 먹을 수 있다는 것은 그만큼 경제가 성장했기 때문이다.

우리나라의 경제성장률이 높았던 80년대를 떠올려보자. 고도 성장기였던 만큼 물가 인상이 많아서 여러 품목들에 대한 인위적인 가격 제한을 정부에서 시행했던 기억이 난다. 반면 최근 수년간 물가 인상에 대한 경제뉴스가 과거에 비해서 현저히 줄어든 이유는 경제성장률이 너무 낮기 때문이다.

물가는 올라도 걱정 내려도 걱정 이래저래 걱정이다. 티베트 속담에 '걱정을 해서 걱정이 없어지면 걱정이 없겠네.'라는 말이 있다. 이 속담처럼 너무 걱정한다고 해결될 건 없다.

7

정부정책은 투자자에게 최고의 재료

주식시장에서 정부의 여러 정책들이 주가에 빠르게 반영되고 있고,
부동산시장에서도 마찬가지이다.
투자자라면 정부정책을 분석하고 투자 결정에 잘 이용해야 한다.

투자자라면 정부정책을 언제나 확인할 것

현대 사회에서 국가를 운영하는 정부는 여러 가지 정책들을 시행한다. 그중에 국가의 경제와 관련된 경제정책은 크게 금융정책과 재정정책 두 가지로 나눌 수 있다.

금융정책은 이자율조정을 통해서 통화량을 조절하는 정책, 재정정책은 정부지출 또는 세금수입을 조절하여 경기를 조절하는 정책이다. 이러한 정부정책에 대해서 조금 더 쉽게 이해하기 위해서 앞서 물가에 대한 설명을 할 때 한 번 설명을 했지만 중요한 그래프이기 때문에 총수요와 총공급곡선을 한 번 더 살펴보자.

총수요와 총공급이 만나는 균형점에서 균형산출량인 GDP와 균형물가가 결정된다. 이는 수요공급법칙의 균형점에서 균형량과 균형가격이 결정되는 것과 같다. 마찬가지로 수요공급곡선에서 곡선상의

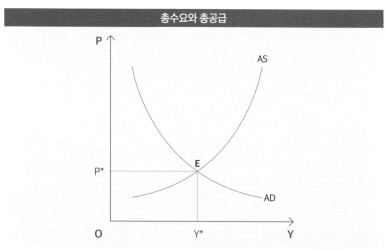

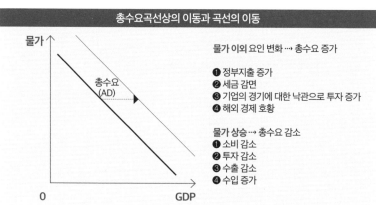

이동과 곡선 자체의 이동이 있었다면 총수요와 총공급곡선에서도 곡
선상의 이동과 곡선 자체의 이동이 있다.

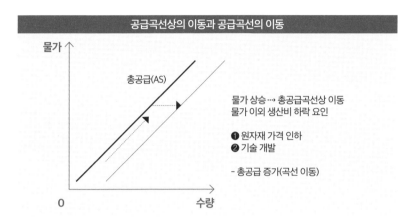

물가가 상승, 하락했을 때 GDP의 변화도 중요하지만, 보다 중요
한 것은 물가외의 변화 요인에 의한 GDP의 변화다. 총수요곡선의
이동에서 알 수 있듯이, 정부가 지출을 증가하거나 세금을 감면시키
면 GDP가 증가함을 알 수 있다. 이자율하락에 의한 통화량증가로
소비증가, 기업투자증가가 이루어진다면 역시 GDP는 증가한다.

총공급곡선의 이동은 원자재 가격이 하락하거나 기술혁신이 있는
경우에 GDP가 증가함을 보여준다. 이렇듯이 한 나라의 GDP와 물
가수준은 정부의 여러 가지 정책들과 민간의 기술 개발 또는 외부변
수인 국제유가 등이 영향을 미치며 결정된다. 그중에 정부의 재정정
책과 금융정책이 가장 단기에 효과가 나타나는 매우 중요한 수단이
다. 정부의 정책을 언제나 확인하는 자세를 가져야 한다.

두 마리 토끼, 경제성장과 경제 안정

정부 경제정책에 대해서 조금 더 살펴보기로 하자. 정부가 경제정책을 펴는 가장 큰 이유는 경제의 성장(GDP증가)과 경제의 안정(물가안정)이라는 두 마리 토끼를 잡기 위해서다. 시대에 따라 다르지만 대한민국은 현재 경제성장에 목말라 있다고 보면 된다. 70~80년대의 급속한 고도성장의 시기를 지나오면서 2010년 이후 경제성장률이 매우 낮아졌기 때문이다.

경제성장을 위한 정부정책에는 무엇이 있을까. 먼저 통화량 증가를 위한 정책 특히 금리인하정책이 있다. 미국발 글로벌 금융위기 이후에 거의 전 세계적으로 금리인하정책을 썼으며, 이번 코로나19 위기 상황에도 모든 나라가 앞 다투어 했던 정책은 저금리정책 나아가 제로금리정책이었다.

선진국일수록 제로금리에 가까운 것은 선진국일수록 경제성장이 정체되어 있기 때문이다. 우리나라도 과거에는 금리가 높았다가 점점 경제선진화가 이루어지면서 금리가 낮아졌다.

또 하나의 무기는 재정확대정책이다. 세금을 인하하거나, 여러 가지 보조금지급 또는 정부사업을 통해서 정부지출을 확대하는 것이다. 쉽게 말해 정부가 돈을 풀어 이자율을 낮춰 통화량이 증가하는 효과가 나타난다고 보면 된다.

코로나19 위기 상황에서 각국이 보조금을 지급하거나 세금징수를 유예하는 등의 정책을 펼친 것이 이에 해당한다. 또한 우리나라의 경우 그린 뉴딜과 디지털 뉴딜을 발표하면서 정부의 정책자금지원 등을 발표한 사례도 대표적인 재정정책의 예다. 주식시장에서는 예전부터 '정부정책에 반하지 마라'는 격언이 있었다.

주식시장에서 정부의 여러 정책들이 주가에 빠르게 반영되고 있다. 부동산시장도 마찬가지다. 투자자라면 정부정책을 분석하고 투자 결정에 잘 이용해야 한다.

현대사회에서 가장 중요한 고용안정

금융정책과 재정정책 모두 총수요곡선을 오른쪽으로 이동시켜서 GDP를 증가시키는 것이며 그 효과는 단기적이다. 보다 장기적으로 효과는 총공급곡선을 오른쪽으로 이동시킬 때 볼 수 있다. 그러기 위해서는 기술혁신과 생산성 향상을 위한 정부정책과 교육이 필요하다. 특히 우리나라와 같이 자원도 없고 국토의 면적도 작은 나라에서 정부의 교육정책이 매우 중요한 이유다.

정부정책의 목표는 위에서 말한 것처럼 경제성장과 물가안정인데 또 하나의 아주 중요한 정책목표가 있다. 바로 고용안정이다. 경제성장을 한다는 건 기업의 투자증가가 나오는 상황이므로 실업률의 감소인 고용안정 상황이 될 것이다.

선거 때마다 고용대책이나 일자리창출 공약 등을 하는 것을 보면 국민들의 행복을 위해서도 고용안정은 매우 중요하다. 실업률과 인플레이션에 관한 곡선인 필립스 곡선을 통해서 고용안정에 대해서 조금 더 자세히 알아보도록 하자.

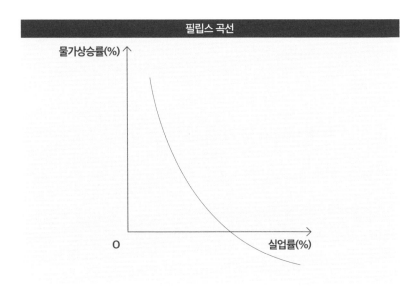

'필립스 곡선' 그림은 물가상승률이 높아질수록(인플레이션) 실업률이 낮아지는 관계 즉 인플레이션과 실업률이 음의 상관관계임을 나타낸다. 물가가 올라갈 때는 경기가 활황이므로 완전고용에 가깝게 실업률이 낮은 상태가 되고, 물가가 내려갈 때는 경기가 불황이므로 실업률이 높은 상태가 된다.

과거와 달리 우리나라도 경제성장률이 둔화되면서 물가는 많이 안정되었지만 실업률이 높아지고 있다. 그래서 선거 때마다 반드시 나오는 정책이 고용정책이며 단순한 고용창출보다는 교육을 통한 생산성향상과 기술혁신이 이루어지는 고용정책이 장기적인 관점에서 보다 중요하다.

실업률 높으면 생기는 일

거시경제학에서는 GDP와 물가지표가 훨씬 중요하지만 현실에서는 실업률이 훨씬 중요하다. GDP와 물가는 나라 전체의 문제지만 실업률은 개개인의 문제일 수밖에 없기 때문이다. 비자발적 실업이 높은 상황이라면 일하고자 해도 일자리가 없다는 뜻이니 단순히 경기가 불황이거나 물가가 높아서 불편한 문제와 달리 개개인의 생존이 달린 상황인 것이다.

'아프니까 청춘이다'라는 말을 듣고 누군가 '아프면 병원가야 한다'라는 우스갯소리를 했다고 한다. 청춘들이 일자리가 없는 것이 열심히 안해서가 아니라 사회가 일자리를 부족하게 만들어 놓은 책임이 있다면 '무직이면 열심히 해라'가 아니라 '실업률이 높으면 일자리를 만들어라'라는 문제의식도 분명히 필요한 시대다.

실업률을 구할 때는 전체 인구 대비가 아니고 경제활동 인구 대비 계산을 하며 경제활동 인구란 일을 하고자 하는, 일을 할 수 있는 인구를 말한다. 즉 완전고용 상태에 가까운 고용안정 시대에는 일을 할 수 있는 사람들은 대부분 일자리를 구할 수 있다는 말이다.

실업의 원인에는 마찰적 실업과 구조적 실업 등이 있다. 마찰적 실업은 구직자들이 원하는 직장을 구하지 못하기 때문에 발생하는 실업이므로 개인적인 이유로 발생하는 실업이다. 반면 구조적 실업은 사회 시스템적인 문제로 최저임금제나 노동조합 등의 사회제도적 문제에 기인한 실업이다. 하지만 실업의 근본적인 원인은 경기불황이며, 정부는 경기활성화를 통해서 일자리 창출을 할 수 있도록 적극적인 정책을 펴야 한다고 생각한다.

8

돈은 어떤 나라로 흘러갈까

자본수지는 환율에도 영향을 받지만
이자율에도 영향을 받는다.
돈은 이자율이 높은 나라로 움직이는 경향이 있기 때문이다.

자동차 생산국과 감자 생산국

무역은 국가 간의 경제 이야기인 국제경제에 대한 이해의 출발점이다. 미시경제에서는 하나의 시장에서 한 재화 또는 한 서비스가 어떻게 생산이 되고, 소비가 되는지에 대해서 설명하기 위해서, 그 시장에는 기업과 가계 두 경제주체밖에 없다고 가정했다. 거시경제에서는 한 나라에서 GDP와 물가 등의 경제지표들이 어떻게 결정되는지 또한 이를 위한 정부정책은 무엇인지에 대해서 설명하기 위해 '기업', '가계', '정부'라는 경제주체가 등장한다.

국제경제는 더 범위를 넓혀 두 나라 또는 여러 나라의 경제에 대한 이야기다. 이동의 편리성, 정보의 속도, 자본이전의 용이 등 여러 가지 이유에 의해서 예전에 비해 경제의 글로벌화가 더욱 가속화된 시기다.

주식투자자들에게는 아침에 일어나면 전 날 미국 증시가 어떻게 장을 마감했는지 확인하는 것이 필수가 된지 오래다. 이제는 아마존, 테슬라, 애플, 넷플릭스 등의 인기 성장주에 직접 투자하는 투자가들을 주변에서 쉽게 찾아볼 수 있다. 부동산투자라고 다르지 않다. 국내 부동산투자에 성공한 여러 투자자들이 일본이나 동남아 또는 미국 등 해외 부동산투자에 한창이다. 이러한 글로벌 경제 시대에서 국제경제에 대한 지식은 매우 중요해졌다.

그렇다면 두 나라가 상품이나 서비스를 교환하는 무역은 어떻게 생겨난 것일까? 아래 표를 살펴보자.

	A국가	B국가
자동차 (대당 원가)	100만원	200만원
감자 (개당 원가)	400원	500원

A국과 B국은 모두 자동차와 감자를 생산하는 나라다. 절대수치로 비교를 한다면 A국은 자동차 대당 원가, 감자 개당 원가 모두 B국보

다 낮기 때문에 무역이 필요가 없는 상태이다. 이런 경우 A국이 B국에 비해 절대 우위에 있다고 한다. 따라서 A국과 B국은 서로 상품을 교환하는 무역을 할 필요가 전혀 없어 보인다. 하지만 상대적인 비교를 해보면 무역을 해야 하는 이유를 알 수 있다.

A국의 자동차 생산원가는 B의 생산원가의 50%로 반값으로 생산이 가능하지만, 감자는 A국이 B국보다 20% 싸게 생산이 가능하다. 절대적으로 비교하면 A국이 B국보다 자동차와 감자 모두 우위에 있지만, 상대적으로 비교하면 A국은 자동차, B국은 감자 생산이 더 우위에 있다 할 수 있다. 이 경우 A국은 자동차를 생산하고, B국은 감자를 생산하여 교환무역을 한다면 A국과 B국 모두 투입 대비 산출(소비)이 늘어나게 될 것이다.

이런 이유 때문에 선진국은 보다 기술 집약 산업을 발전시키고, 후진국일수록 노동 집약 산업에 집중한다. 역으로 선진국의 대열에 합류하기에 위해서는 교육에 의한 기술혁신을 일으켜 기술 집약 산업 발전이 필수라고 할 수 있다.

현재 우리나라 산업도 과거와 달리 반도체, 2차전지, 제약바이오 등의 기술 집약 산업 중심으로 발전되고 있다. G10 국가로서 당연한 결과라 할 수 있다. 주식투자자들은 이런 산업의 변화를 기억하고 4차 산업혁명의 중심이 될 산업에 대한 관심과 종목선정에 노력한다면 큰 기회가 찾아올 수 있다.

경상수지 흑자? 적자?

그런데 만약 A국과 B국이 자유무역 기반의 개방경제 체제가 아니고 폐쇄경제 내지는 보호무역주의라면 이러한 무역은 이루어지지 않는다. 미국 트럼프 대통령은 대통령 당선 전부터 자국우선주의, 보호무역주의를 공약으로 내세웠다. 실제 임기 내내 미중 무역전쟁을 치르고 있다. 이 재료는 세계 주식시장에 악재 역할을 했다. 반대로 개방경제의 대표적인 예로는 각국이 관세부담을 완화하며 자유롭게 교류하는 경제협정인 FTAFree Trade Agreement가 있다. 우리나라도 현재 여러 나라와 FTA 협정을 체결하고 있다.

개방경제 상황에서 국제수지는 굉장히 중요한 개념이다. 여기서 수지란 '수입과 지출'의 약자로 국제적으로 경제행위를 통해 한 나라가 이익을 보았는지를 나타내는 지표라고 이해하면 된다. 국제수지는 크게 보면 경상수지와 자본수지로 나뉜다.

경상수지는 재화와 서비스의 수출과 수입으로 계산이 된다. 재화의 수출입은 무역수지, 재화 이외의 서비스 등의 수출입은 무역 외 수지로 구분한다. 보통 경제 뉴스를 보면 '경상수지가 흑자 또는 적자'라고 나오는데 수출이 수입보다 크면 흑자, 적으면 적자다.

경상수지가 흑자라면 순수출 상태라는 것이고 순수출 증가는 곧 GDP가 증가하는 것이기 때문에 경상수지 흑자 달성은 매우 중요하다. 자본수지는 재화나 서비스의 수출입이 아닌 자금의 유입과 유출을 계산한 것이다.

여기서 중요한 것이 있다. 국제수지 중 경상수지와 자본수지에 영향을 주는 변수가 다르다는 것이다. 경상수지는 우리나라와 다른 나라의 재화 및 서비스 상대가격에 영향을 주는 환율에 굉장히 많은 영향을 받는다. 우리나라의 환율이 상승하면(원화가치 하락) 수출이 늘면서 수입이 줄고 환율이 하락하면(원화가치 상승) 수출이 줄면서 수입이 늘어난다.

반면 자본수지는 환율에도 영향을 받지만 이자율에도 영향을 받는다. 돈은 이자율이 높은 나라로 돈이 움직이는 경향이 있다. 이 정도의 용어 뜻만 알아도 앞으로 경제 뉴스를 읽을 때 시장을 읽는 눈이 생길 것이라고 생각한다.

환율이 하락하면 누가 돈을 벌까

예전에는 해외사업을 하는 사업자들만 환율에 관심이 있는 시기가 있었다. 하지만 여행 자유화를 거쳐 이제 해외투자가 일상이 된 시기인지라 전 국민이 환율에 관심을 갖고 있다. 쉬운 예를 들어 환율에 대해 설명해보겠다.

우리가 미국 여행을 가기 위해서 1,000달러를 환전한다고 가정하자. 현재 환율은 1,100원으로 1달러를 환전할 수 있다. 즉, 110만원

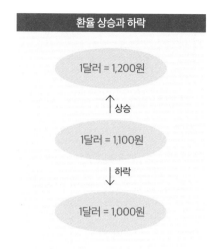

환율 상승과 하락

1달러 = 1,200원

↑ 상승

1달러 = 1,100원

↓ 하락

1달러 = 1,000원

이 있으면 미국에 가서 1,000 달러를 쓰면서 여행을 즐길 수 있다. 1,100원이었던 환율이 상승하여(원화가치 하락) 1,200원이 된다면 이제는 120만원이 있어야지 미국에 가서 1,000달러를 쓰면서 여행을 즐길 수 있다.

환율이 상승하면 해외지출이나 해외물품 수입 시에 소비자들이 더 큰돈이 필요하다는 말이다. 요약하면 환율이 낮을 때(원화가치가 높을 때) 해외여행을 가거나 해외물품을 수입하는 것이 소비자로서 유리하다. 반대로 내가 수출업자라면 어떨까?

환율이 상승하면 달러로 받은 소득이 더 많은 원화로 환전되기 때문에 더 유리하다. 환율이 상승하면 수출업자가 유리하고 환율이 하락하면 수입업자가 더 유리하다고 반드시 기억하자.

해외주식이나 해외 부동산투자를 할 때는 어떨까. 당연히 달러자산을 보유하고 있을 때 환율이 상승하면 달러자산 보유자는 환차익이 발생하므로 자산보유차익과 별개의 이익이 발생할 수 있다. 환율이 상승하면 우리나라 주식시장에는 호재일까 또는 악재일까? 주식시장에 미치는 영향은 환율이 상장기업에 미치는 영향과 외국인 투자자에 미치는 영향 두 가지를 고려해봐야 한다.

삼성전자를 비롯한 우리나라의 대형주들 중에는 수출 비중이 높은 기업들이 많다. 따라서 환율상승이 수출업자에 유리한 기본적인 관점에서 보면 주식시장에 나쁠 이유가 없다. 그러나 반대로 외국인 투자자 입장에서는 원화자산을 가지고 있는데, 원화가치가 떨어지는 게 좋을 리 없다.

환율이 수출기업과 우리 시장에 참여한 외국인투자자들에게 반대로 작용하기 때문에 큰 변동 없이 적정 환율에 머물러 있는 것이 좋다. 시기에 따르지만 통상적으로 1,100~1,200원 사이에서 안정적인 움직임을 보이는 경우가 많다.

유가가 하락하면 호재다

사실 유가를 국제경제 파트에서 비중 있게 다루지 않고 있고, 다룰 필요도 없다. 유가는 단순히 석유의 가격일 뿐이기 때문이다. 하지만 우리나라는 석유 한 방울 나지 않는 자원 빈국이며 동시에 여러 산업에 석유가 많이 쓰이는 산업 강국이기 때문에 우리 경제에 유가가 미치는 영향은 매우 중요하다. 인간이 살아가는데 꼭 필요한 것에는 물, 산소, 식량 등 여러 가지가 있지만 현대 사회에서 에너지는 필수다. 석유 에너지를 대체하는 신재생 에너지 시대를 살아가는 우리지만 유가가 급락 또는 급등할 때마다 우리 주식시장이 요동치는 것을 많이 경험해왔다.

유가가 급등하면 석유를 원재료로 쓰는 많은 산업에 속한 기업들이 실적이 악화되며 우리 경제 역시 위축된다. 그래서 과거에 중동의 불안이 있을 때마다 유가는 급등하고 우리 주식시장은 급락하는 현상이 나오곤 했다.

반대로 과거 3저 호황 시대(저금리, 저달러, 저유가)를 떠올리지 않더라도 유가가 하락하면 기본적으로는 우리 경제에는 좋은 영향을 미친다. 다만, 너무 단기간에 유가가 급락하면 세계경제가 휘청대는 경우가 있으며 이는 우리나라에 악 영향을 미친다는 것을 주식투자자는 기억해야 한다. 환율처럼 유가도 적정 가격대에서 안정적으로 움직이는 것이 가장 좋다고 생각한다.

'부자학'이라는 학문은 없지만 부자가 되기 위한 학문 중에 하나만 꼽으라면 경제학을 꼽을 수 있다. 경제학은 자본주의를 가장 잘 설명하는 학문이며 돈과 관련이 가장 깊은 학문이기 때문이다. 경제학을 배우면 자본주의 사회에서 진짜 큰 부자가 되기 위해서는 노동자보다는 자본가가 더 유리하다는 것을 깨닫게 된다.

경제학에서 가장 중요한 법칙 중의 하나는 수요공급의 법칙이다. 모든 시장의 모든 가격은 수요곡선과 공급곡선이 만나는 균형점에서 결정된다. 주식시장과 부동산시장에서의 주식과 부동산의 가격은 물론 생산요소시장에서 임금, 금융시장에서의 금리, 외환시장에서의 환율까지 마찬가지다. 생산자이론에서 말하는 기업의 목표는 이윤극대화인데, 이는 투자자의 목표와 같다.

경제지표 중에 가장 중요한 두 가지가 국민소득과 물가이다. 국민소득인 GDP는 한 나라의 경제 규모를 나타내는 지표이므로 높을수록 좋다. 투자자들은 물가가 오르는 인플레이션 상황을 경계해야 하는데, 물가상승에 의한 화폐가치 하락을 고려한다면 물가상승률 이상의 투자수익률 확보를 위해 노력해야 한다.

경제학에서 경기변동 그래프를 보면 주가지수 그래프와 비슷하다는 것을 알 수 있다. 주식시장이 경기의 선행지표이므로 너무 당연하다. 경기가 활황이거나 경기가 불황일 때 미국의 FOMC는 금리를 인하하거나 인상해서 경기를 조절한다. 이러한 통화량 조절은 유동성 장세를 만들기도 하는데, 2020년 세계 증시의 상승이 이에 해당한다.

정부정책은 가장 단기에 경제적 효과를 누릴 수 있다. 2020년 초 코로나 확산에 세계 각국이 앞 다투어 금리인하와 정부지출 정책을 펼쳤다는 점을 떠올려보면 이해가 쉽다.

국제경제는 무역, 환율, 유가 등에 대한 이야기다. 특히 환율은 매우 중요하다. 투자자 입장에서 보면 해외 주식이나 해외 부동산에 직접 투자를 하는 경우 환율의 상승과 하락에 따라 환차익이나 환차손이 발생한다.

3교시

성장주 투자,
부자공식
G×R 완성

성장주 투자, 부자공식 G×R 완성

1. R값을 높이기 위한 투자공부

투자수익률 R값을 높이기 위해서 투자에 대한 지식과 경험을 쌓아야 한다. 돈의 가치를 지키려면 투자를 반드시 시작해야 한다. 백세시대 '장수 리스크'를 고려한다면 은퇴 이후에 투자소득이 없는 삶은 상상할 수 없다. 죽기 전까지 계속 나오는 연봉을 만들기 위해서 부동산투자와 주식투자를 통한 소득을 발생시켜야 한다. 그렇다면 투자는 어떻게 해야 할까? 아무리 급해도 무조건 시작하지 말자. 먼저 투자의 목적이 '이익추구'라는 것을 확실히 이해하고 천천히 기본부터 준비해야 한다.

2. 부자 공부는 기본부터 충실하게

투자와 매매의 차이를 구분하는 것은 투자 공부의 출발점이다. 투자는 장기간에 걸쳐서 변화하는 가치가 중요하고, 매매는 단기간에 변동하는 가격이 중요하기 때문에 전략이 다르다. 가치투자는 투자 대상 자체에 관심을 갖고 가격매매는 시장에 관심을 가져야 한다. 투자에 있어서 위험과 수익률의 상관관계를 이해해야 하는 것도 기본 중의 기본이다. 특히 자신의 위험에 대한 태도를 명확히 파악하고 투자 대상 선정에 적용해야 한다. 많은 투자 대상 중에 부동산과 주식에 선택과 집중을 하는 것이 좋다.

3. 주식투자를 하는 이유

저자는 "주식투자가 너무 재미있는 취미고 잘하는 특기며 그래서 돈을 벌 수 있는 최고의 직업"이라고 말한다. 주식투자를 잘못하거나 심지어 좋아하지 않는 투자자들은 혹시 억지로 주식투자를 하고 있지는 않았나 생각하면서 이 말을 곰곰이 곱씹을 필요가 있다. 주식투자로 성공하면 노트북 하나만 가지고 사무실에서 벗어나 세계 어느 곳에서나 돈을 벌 수 있다. 또한 사람과의 관계에서 오는 스트레스를 주식투자 할 때는 전혀 느낄 수 없다. 아직 주식투자를 시작하지 않은 예비 투자자와 이미 시작했지만 어렵게 큰돈을 잃고 있는 투자자는 저자가 제시하는 '성장주 투자법'을 통해서 보다 쉽게, 보다 큰돈 버는 방법을 배워보자.

4. 완벽한 투자기법

주식투자에 성공하고 싶다면 남에게 'Lead'당하지 말고 시장을 'Read'해야 한다. 저자는 주식투자에서 성공할 확률이 높아지는 방법을 알려준다. 많은 투자자들이 최적의 매수매도 타이밍을 잡으려 노력하지만 중요한 것은 종목선정이다. 종목선정의 중요성을 간과하는 이유는 너무 쉽게 종목선정을 하고 있거나 심지어 직접 종목선정을 하고 있지 않기 때문이다. 전설로 통하는 대가들의 비법을 간략하게 소개하고, 저자의 8가지 종목선정 기법에 대해서 설명한다.

5. 삼박자 투자법

주식 매수매도를 결정할 때 어떤 분석을 해야 할까? 가치 분석(재무제표), 가격 분석(차트), 정보 분석(재료)이다. 정보 분석은 공시, 증권사 리포트, 경제기사 등 공개된 정보를 보고 아직 주가에 반영되지 않은 정보를 찾는 것이 핵심이다. 가격 분석은 추세와 변곡점 공부가 필수다. 다만 변곡점을 찾아내는 비법은 없기 때문에 추세 공부를 열심히 해서 추세매매를 하는 것이 좋다. 마지막으로 가치 분석은 부실주를 걸러내 치명적인 투자 실패를 방지하므로 가장 중요하다. 재무제표에서 성장성, 이익성, 안정성을 검토하고 시장지표를 확인하며 질적 분석까지 할 수 있는 지식과 경험을 쌓는다면 실패하지 않는 투자자가 될 수 있다.

6. 가치주보다는 성장주

통상적으로 가치주는 기업의 현재가치보다 낮은 가격에 거래되는 주식이며, 성장주는 현재의 기업가치보다 미래의 기업가치가 더 커지리라고 예상되는 주식이다. 가치주 대 성장주 논쟁은 오래되었지만 결론은 없다. 성장주의 유일한 단점은 성장이 영속적이지 않고 언젠가는 성장이 멈춘다는 것이다. 이것을 대응으로 이겨낼 수만 있다면 성장주 투자가 주식투자의 본질인 BUY&HOLD 전략에 가깝다. 또한 성장주와 가치주는 시대에 따라 투자 성패가 달라지기도 하는데 지금은 성장주의 시대다. '저금리', '상승장' 그리고 '기술혁신'의 시기이므로 성장주의 장점이 크게 부각되는 상황이다.

7. 성장주를 찾아라!

성장주에 투자하고 싶다면 성장주를 찾아야 한다. 수년간 손익계산서의 매출액, 영업이익, 당기순이익이 매년 증가했는지를 가치 측면에서 체크한다. 월봉차트로 수년간 주가움직임을 확인하며 주가가 올랐는지 가격 측면에서 체크한다. 두 가지 방법의 결과는 같아야 한다. 가치와 가격은 일시적으로 격차가 벌어질 수 있지만 중장기적으로는 한 방향으로 큰 차이 없이 움직이기 때문이다. 따라서 재무제표분석보다 훨씬 시간이 짧게 드는 차트 분석으로 주가가 우상향한 성장주를 찾는 것이 쉬운 방법이다. 역사적 신고가를 경신하는 종목 또는 52주 신고가를 경신하는 종목들은 과거부터 현재까지 계속 성장을 했거나, 역성장을 끝내고 실적이 호전되며 다시 성장하는 종목들이다.

8. 이 시대의 진정한 성장산업

시가총액이 큰 종목들을 분석하면 현재 시점의 우리나라 성장산업이 반도체, 자동차, 2차전지, 인터넷, 제약바이오라는 것을 알 수 있다. 기술혁신의 관점에서 본다면 4차 산업혁명 관련 산업은 앞으로 계속 성장해나갈 것이라는 것을 예측할 수 있다. 최근 정부정책으로 본다면 비메모리 반도체, 미래형 자동차, 바이오헬스, 디지털 뉴딜, 그린 뉴딜 다섯 업종에 주목할 필요가 있다. 이것들을 종합하여 현재 우리나라에서 가장 주목해야 할 8가지 성장산업을 선정하면 다음과 같다.

8가지 성장산업: 반도체, 제약바이오, 자동차, 2차전지, 인터넷, 전기전자, 화학, 그린 뉴딜

1

R값을 높이기 위한 투자 공부

근로자 연봉은 퇴직 전까지 나오지만
투자자로서 얻는 연봉은 죽기 전까지 나온다.
행복한 노후를 위해서라도 투자는 선택이 아니라 필수다.

투자하지 않는 돈의 가치는 떨어지고 있다

부자가 되기 위해서는 한 손에는 G(소득성장률)와 한 손에는 R(투자수익률)을 놓치지 말고 꽉 잡고서 양손을 높이 올려야 한다. 앞서 말한 바와 같이 소득성장률을 높이기 위해서는 지출을 합리적으로 통제하여 줄여나가면서 소득을 다양화하고 높여야 한다.

그렇다면 투자수익률을 높이기 위해서는 어떻게 해야 하나? 투자를 잘하기 위해서는 우선 투자에 대한 지식과 경험을 쌓아야 한다.

3교시: 성장주 투자, 부자공식 G×R 완성

특히 이제 막 투자를 시작한 초보자라면 가장 먼저 '투자는 선택이 아니라 필수!'라는 생각을 갖춰야 한다.

우리 주변에는 아직도 은행에 돈을 안전하게 넣어놓는 게 제일 좋다고 생각하는 이들이 많다. 물론 은행에 저축을 하면 어떤 투자 대상보다 안전성은 보장되지만, 결코 R(투자수익률)값을 높일 수 없다는 점을 기억해야 한다.

투자를 하면 힘들게 번 돈을 다 잃는다는 생각을 하는 이들도 적잖이 볼 수 있다. 심지어 이들 중에는 부동산투자와 주식투자를 '도박'이라고 여기는 경우도 많다. 자본주의를 살아가면서 아직도 이러한 잘못된 고정관념에 갇혀 사는 사람이 있다는 것이 놀라울 따름이다.

우리 사회에는 오래 전부터 '불로소득이 근로소득보다 나쁘다.'라는 인식이 자리 잡아왔다. 물론 땀 흘리고 힘들게 일을 해서 번 돈이 더 값질 수 있지만 노동을 하지 않고 번 불로소득, 특히 부동산투자나 주식투자로 얻은 투자차익과 부동산 임대소득, 주식 배당소득 등이 나쁘다고만 할 수 없다. 엄밀히 따져 보면 주식투자와 부동산투자에도 투자자의 시간과 노력이 들어가기 때문이다.

나 역시 주식투자를 20년 이상 해오면서 쉽게 버는 돈은 없다는 것을 늘 느낀다. '불로소득'이라는 말보다는 '자산소득'이나 '투자소득'이라고 부르면 더 좋지 않을까 생각해본다.

물론 R(투자수익률)값을 높여 부자가 되는 것은 선택이지 필수는 아니다. 하지만 적어도 부자 꿈을 꾸고 이 책을 읽고 있는 사람이라면 '투자는 선택이 아닌 필수'다. 투자는 소득을 불려서 부자가 되기 위한 수단이면서 동시에 돈의 가치를 지켜내는 수단이다. 특히 과거에는 은행만 이용해도 인플레이션의 위험에서 돈의 가치를 지킬 수 있었지만, 저금리 시대에서 은행은 금고 역할로 전락하고 말았다. 최근에는 시중금리가 제로금리에 가까워지면서 더 이상 투자 없이는 부자를 꿈조차 꿀 수 없게 되었다. 한 마디로 투자를 하지 않고 있다면 책을 읽고 있는 이 시간에도 당신이 소유한 돈의 가치는 시간이 흐를수록 떨어지고 있다는 것이다.

죽기 전까지 나오는 연봉을 받으려면

꽤 오래전부터 '저금리 시대'라는 말이 나왔다. 수십 년 전부터 금리는 시간이 지날수록 계속 내려가고 있었다. 높은 경제성장을 이루어냈던 1970~1980년대에는 경제성장률과 물가상승률이 워낙 높은 시기였기에 은행금리도 10% 이상이 보장됐다.

그 당시에는 퇴직금으로 치킨 장사를 하지 않고, 은행에 넣어두기만 해도 한 달 이자로 생활이 가능했다. 게다가 그 무렵에는 근로소득이면 충분히 살만했기에 한 회사를 열심히 다녀서 퇴직금을 받아 은행에 넣어두는 것만으로도 노후보장이 가능했다.

스펙을 늘리기 위한 이직도, 노후보장을 위한 준비도, 원금이 보장

되지 않는 투자도 필요 없던 시기였다. 이러한 시대적 배경이 있었기에 당시에는 투자자를 투기꾼이라 표현했을지도 모른다.

현재 은행금리는 1%대를 기록하고 있다. 이러한 이유로 더 이상 목돈을 은행에 저축하려는 사람은 많지 않다. 은행도 이를 알기 때문에 더 이상 예금 상품을 추천하기 보다는 ELS, ELD, ELF 등의 고금리 상품 판매에 집중한다. 하지만 '고위험 고수익'이라고 했다. 고금리 상품은 위험을 감수해야 하는 것이다. 그렇다면 위험을 감수하면서 그 정도의 수익을 추구하기보다는 투자 공부를 해서 제대로 된 투자를 시작하는 편이 낫지 않을까?

저금리 시대와 함께 우리가 꼭 기억해야 할 단어는 '백세 시대'다. 우리의 평균 수명은 점점 높아지고, 심지어 백세까지 사는 시대이다. 예전에는 '장수만세'라는 말이 있었다면 이제 '장수 리스크'라는 말이 있다. 오래 살면 만세를 부를 일이 아니고, 그 만큼 위험이 커진다는 이야기다. 대표적인 것이 노후 생활을 이어갈 자금 부족 현상이다. 수명은 갈수록 늘어나지만 퇴직 시기는 평균 55세 전후로 여전히 그대로다.

퇴직 이후의 삶이 길어질수록 근로소득보다 불로소득(투자소득)이 중요하다. 그리고 급여로서의 받는 연봉보다 임대소득, 배당소득, 이자소득, 투자차익 등 투자로 얻는 연봉이 필요하다. 왜냐하면 근로자 연봉은 퇴직 전까지 나오지만, 투자자로서 얻는 연봉은 죽기 전까지 나오기 때문이다. 행복한 노후를 위해서라도 투자는 선택이 아니라 필수다.

투자, 어떻게 해야 할까

그렇다면 선택이 아닌 필수인 '투자'는 도대체 어떻게 해야 할까? 먼저 투자의 목적을 분명히 하는 것이 중요하다. 투자의 목적은 첫째도 이익, 둘째도 이익, 셋째도 이익이다. 이익을 내기 위해서는 투자수익이 발생할 것인지를 여러 각도에서 검토하고, 냉정하고 합리적인 판단을 해야 한다. 그러나 매우 비합리적인 이유 때문에 투자를 하는 경우가 많다. 반드시 내가 지금 하고 있는 것이 투자인지 아닌지 명확하게 구분할 필요가 있다.

A씨는 지인의 권유로 상장주식을 샀다. 투자가 뭔지도 모른 채 지인의 말만 믿고 주식투자를 시작한 것이다. 이런 경우 A씨는 이익보다 인간관계 때문에 투자했다고 보는 편이 맞다. 또는 막연한 주식투자 수익에 대한 욕심을 투자로 착각하고 있는 것이다.

B씨는 강이 보이는 전원주택에서 살고 싶었다. 그래서 큰돈을 들여 전원주택을 구입해 살고 있지만, 강남 아파트에 비해 집값이 오르지 않는다며 불평을 한다. 하지만 B씨는 이익보다 사용 목적으로 돈을 지출한 것이다. 물론 집값이 올라 이익이 날 수도 있겠지만, 그렇다 한들 그건 원래 목적이 아니기에 운이 좋았던 것뿐이다. 따라서 B씨의 경우 집값이 오르지 않더라도 슬퍼할 자격이 없다.

다음으로 자신이 일하는 회사의 우리사주를 대출 받아서 산 C씨를 살펴보자. C씨의 경우 이익보다 직원으로서 회사 눈치를 보며 억지로 투자한 것에 가깝다. 회사 직원이 아니었다면 굳이 회사에서 해주는 대출까지 받아서 우리사주에 투자할 필요가 없으니 말이다.

심지어 명품 시계나 명품 가방 나아가서 슈퍼카를 투자 목적으로 샀다고 하는 이들을 볼 수 있다. 하지만 그들의 공통점은 그것들을 소유하고 싶은 욕심이 매우 크다는 것이다. 성공한 투자자들이 명품 시계, 명품 가방, 슈퍼카에 투자했다는 소리를 들어본 적이 단 한 번도 없다. 그러한 것들보다 훨씬 좋은 투자 대상이 차고 넘쳤기 때문이다.

고작 성공을 명품 몇 개로 표현하고 싶어 하는 사람들이 단지 명품을 갖고 싶은 욕구로 비합리적인 소비를 한 것을 투자로 포장하며 자기 위안을 할 뿐이다. 소비와 투자는 정반대 개념이며 명확히 구분되어야 한다.

이처럼 인간관계, 사용목적, 회사 눈치, 소유욕을 위한 투자는 올바른 투자가 아니다. 또한 이러한 경우 투자의 목적이 잘못됐기 때문에 성공할 확률도 매우 낮다. 구해야 얻을 수 있는 것처럼 이익 추구를 목적으로 투자를 해야 이익을 얻는 것은 너무 당연하다. 따라서 투자를 시작하기 전에 반드시 투자의 목적이 '이익 추구'라는 것을 명심해야 한다.

'기본'을 모르면 용감하다

     ―•―

'무식하면 용감하다'라는 말이 있는데, 주변 투자자들을 보면 초보 투자자일수록 너무나 용감한 투자를 하는 경향이 있다. 전문 투자자들은 투자 결정을 위해 많은 변수와 상황을 검토하고 신중하게 결정을 내린다. 하지만 대다수의 초보 투자자는 아무 생각 없이 투자 결정을 내리나 싶을 정도로 너무나도 용감하게 빠른 결정을 내린다. 아마도 투자 검토를 할 지식과 경험이 없어서 일수도 있겠지만 빨리 투자 성공을 해서 지금 당장 부자가 되고 싶은 욕심이 앞서고 있어서 일수도 있다.

게다가 초심자의 행운까지 얻은 초보 투자자라면 걷지도 못하면서 뛰려하는 아기 같은 모습으로 투자를 계속하게 된다. 하지만 하루 아침에 성공한 투자자가 될 수는 없다.

인생이 길 듯이 투자 인생도 그만큼 길어졌으니 조금 여유를 가졌으면 좋겠다. 긴 여정을 올바르게 뛰어가기 위해서는 걸음마부터 확실히 배워야 하듯이, 성공 투자자가 되기 위해서는 투자의 기본부터 튼튼히 해야 한다.

성공한 투자자로서 주변에서 많이 듣는 말 중에 하나가 '좋은 종목 하나 추천해주세요'다. 그런 질문을 하는 대다수 투자자는 초보 투자자임에 틀림없다. 한 마리의 물고기와 좋은 그물 중에 무엇이 더 중요한지 묻는다면 답이 뻔하다. '좋은 종목을 선정하는 방법'에 대해서 묻는 것이 슈퍼개미에게 할 수 있는 가장 좋은 질문이다. 즉 투자가 무엇인지 하나하나 공부해본 후에 무엇에 투자할지 고민하는 것이 올바른 순서다.

많은 투자자들이 이런 아쉬움을 토로한다.

"투자 초기에는 돈은 많지만 실력이 없고, 투자를 할수록 실력은 늘지만 돈이 없어요."

이렇게 말이다. 꼭 기억하자. 나의 시드머니를 투자 실력이 가장 형편없는 시기에 날리기 싫다면 투자 준비를 철저히 하면서 천천히 투자원금을 늘려도 전혀 늦지 않다. 우리의 투자 인생은 평균수명처럼 길어지고 있기 때문이다.

2
부자 공부는 기본부터 충실하게

가장 중요한 투자 대상인 부동산과 주식에 집중하기 바란다.
'선택과 집중'은 인생의 진리이기도 하지만
투자세계의 진리기 때문이다.

투자와 매매, 이해하지 못하면 생기는 일

투자의 기본 중에서도 투자와 매매의 차이를 구분하는 것은 매우 중요하다. 투자란 투자 대상의 가치변화를 예상하고 가치증가에 따른 이익추구를 목적으로 한다. 반면 매매는 매매 대상의 가격변화를 예상하고 가격상승에 따른 이익추구를 목적으로 한다.

투자는 장기간에 걸쳐서 변화하는 가치가 중요하고, 매매는 단기간에 변동하는 가격이 중요하다. 이러한 구분은 R(투자수익률)값을 높이는데 있어서 매우 중요하기 때문에 반드시 정확히 이해해야 한다. 실제로 많은 투자자들이 투자와 매매를 바르게 이해하지 못해서 투자에 실패한다.

투자와 매매 모두 이익을 추구한다는 점에서 목적은 같지만, 투자는 가치가 증가하는 것에 중점을 둔 행위고, 매매는 가격이 상승하는 것에 중점을 둔 행위다. 그렇다면 '투자 대상의 가치'와 '매매 대상의 가격'은 어떻게 다른 것일까?

'투자 대상의 가치'란 장래 기대되는 미래이익의 현금흐름을 이자율로 할인하여 현재가치로 평가한 것이고, '매매 대상의 가격'은 매매당사자 간 교환의 대가로 시장에서 지불된 금액을 말한다.

가치는 인위적인 방법에 의하여 평가를 하는 주체가 주관적으로 적정가치를 평가하는 것이고, 가격은 시장에서 수요공급의 법칙에 따라서 객관적으로 결정되는 것이다. 당연히 가격과 가치는 일시적으로 오차가 발생하면서 괴리가 발생할 수 있지만 장기적으로는 가격과 가치는 일치하려는 경향이 있다.

따라서 투자자는 투자 대상의 가치가 높아지기를 기대하면서 투자하고 매매자는 매매 대상의 가격이 높아지기를 기대하면서 매매한다. 가치투자는 장기간의 가치변동에 투자하므로 '장기 가치투자'라 하고, 가격매매는 단기간의 가격변동을 이용하므로 '단기 가격매매'라고 한다.

가격매매는 시장에서 주어지는 가격을 통해 수익을 추구하므로 가격을 분석하는 것 이외에는 할 수 있는 것이 없지만 가치투자는 그렇지 않다. 투자자는 투자 대상의 가치를 높이기 위해서 자금투자뿐 아니라 실제 행동으로 가치의 증가에 기여할 수 있다.

부동산투자에서 땅을 용도변경한 후 건물을 지어 양도하는 것은 단순 매매가 아니라 투자며, 주식투자에서 본인이 가지고 있는 회사의 주주총회에 참여해서 회사 발전을 위한 주주 제안을 하는 것 역시 회사의 가치를 증가시키는 투자행위 중 하나다.

투자자는 능동적으로 투자 대상의 가치를 높일 수 있는 반면 매매자는 매매 대상의 가격이 시장에서 결정되므로 수동적으로 매매 대상의 가격이 높아지기만을 기다려야 한다.

가치의 증가와 가격의 상승은 어떤 요인에 의해서 일어날까? 가치의 증가는 투입 대비 산출이 높은 투자 대상이 지속적인 초과이익을 냈을 때 일어난다. 반면 가격의 상승은 시장에서 공급보다 수요가 큰 초과수요 상황에서 일어난다.

이런 이유로 가치투자는 투자 대상에 관심을 가져야 하고, 가격매매는 시장에 관심을 가져야 하는 것이다. 이는 주식시장이나 부동산시장 참여자들 모두에게 해당된다. 투자자는 투자와 매매에 대한 이해를 하고, 자신의 스타일에 맞는 전략을 세워야 할 것이다.

위험선호형 VS 위험회피형 VS 위험중립형

우리나라에는 입학식과 졸업식, 그리고 이삿날에 짜장면을 먹는 문화가 있다. 정확한 이유는 알 수 없지만 가성비가 좋은 음식이여 서가 아닐까. 이러한 짜장면 한 그릇에는 저마다의 추억이 깃들어 있다. 그렇다고 우리나라 국민 모두가 짜장면을 좋아하는 것은 아니 다. 이런저런 이유로 짜장면을 싫어하는 이들이 있다. 이처럼 음식 에 대한 취향이 다양하듯이 투자 위험에 대한 사람들의 태도 역시 다양하다.

투자 위험에 대한 태도는 크게 위험선호형, 위험회피형, 위험중립 형 이렇게 총 세 종류로 나눌 수 있다. 위험선호형은 말 그대로 위험 을 선호하는 태도다. 반대로 위험회피형은 위험을 회피하는 경향이 큰 투자 태도고 위험중립형은 위험선호형과 위험회피형의 중간이다. 합리적 투자자는 위험을 싫어하는 위험회피형이다. 그래서 위험한 투자 대상에는 위험 프리미엄이 붙기 때문에 수익률이 높다. 이것을 '하이 리스크, 하이 리턴'이라고 한다.

위험과 기대수익률은 정의 상관관계에 있다. 즉 기대수익률이 높 으면 위험이 크고 반대로 위험이 적으면 기대수익률이 낮다. 따라서 개인들은 자신의 위험에 대한 태도에 따라서 기대수익률을 결정해야 한다. '안전제일주의' 타입은 저수익에 만족한다. '못 먹어도 고' 타입은 고수익을 추구해야 한다는 것이다. '저위험 고수익'인 투자 대상은 이 세상에 없기 때문이다.

하나의 투자 대상이 아닌 여러 개의 투자 대상의 조합으로는 위험을 낮추는 것이 가능한데 이러한 효과를 포트폴리오 분산효과라고 부른다. 이론적으로 서로 다른 가격 움직임을 보이는 투자 대상에 투자하면 회피할 수 있는 위험인 비체계적인 위험을 줄일 수 있다. 시장전체의 위험인 체계적 위험을 줄일 수는 없지만, 포트폴리오 구성을 이용하여 비체계적인 위험을 줄여나가는 것이 수익을 유지하면서 위험을 낮추는 방법이다.

주식투자의 경우 종목을 구성할 때 업종이나 테마별로 분산투자가 가능하고, 부동산의 경우 주택, 토지, 상가 등으로 분산투자가 가능하다. 이때 포트폴리오를 구성할 때 투자 비중을 고려해야 한다.

정해진 원칙이 있는 것은 아니다. 투자자 주관으로 하면 되는데, 나는 개인적으로 초보자일수록 동일한 투자 비중을 추천한다. 투자실력이 늘어날수록 가중치를 다르게 할 수 있겠지만, 초보 투자자 시기에는 스스로 판단해 확신을 가지고 가중치를 부여한다면 결과적으로 틀릴 확률이 높기 때문이다. 그런데 모순적이게도 초보자일수록 가중치를 부여하려 하고, 투자 실력이 늘어날수록 동일한 투자 비중을 선호한다.

투자 대상의 분산투자와 달리 투자시기의 분산투자도 있다. 펀드투자 방식의 정액투자라고 하는데, 시기에 따라 다른 매입단가로 투자가 평준화되어 '코스트 애버리징 효과Cost Averaging Effect*'를 누릴 수 있다.

이 방법은 특히 기간이 장기일수록 효과가 높은데 단기의 가격 변동성을 최소화하는 효과가 나오기 때문이다. 젊은 투자자들은 목돈이 마련되어 있지 않은 경우 투자를 미루는 경우가 많다.

하지만 매달 소액이지만 정액투자를 하다보면 은행금리 이상의 수익률도 얻고, 재테크 실력도 늘어나는 '일석이조' 효과를 누릴 수 있다. 목돈이 모이기 전이지만 하루라도 빨리 투자를 시작해야 하는 이유다.

주식시장은 경기의 선행지표

우리는 앞서 경제학에 대해 먼저 공부했다. 부자의 꿈을 이루기 위해 투자학보다 먼저 경제학을 안내한 이유는 투자 성공을 위해서 경제학에 대한 지식과 이해가 필수기 때문이다. 경기가 호황인지 불황인지, 금리를 인상하는지 인하하는지, 환율은 높은지 낮은지 등 경제와 관련된 모든 내용이 투자 결정 변수라 할 수 있겠다. 이러한 경제지표는 매일 경제 신문을 장식하고 있다. 주식시장은 경기의 선행지표, 부동산시장은 경기의 후행지표라는 말이 있을 정도로 경제와 투

---

*   투자자가 매달 일정 금액을 투자할 때 평균 매입 단가가 낮아지는 효과.

자는 밀접한 관계가 있다.

　요즘은 투자 판단을 함에 있어서 특히 글로벌 경제지표들에 대한 분석이 더욱 중요해지고 있다. 점점 경제의 글로벌화가 심화되고 있고, 이에 발맞추어 투자자들의 해외투자 비중이 점점 커지고 있다.

　중국, 베트남 등 아시아 국가 부동산투자에서 미국과 유럽까지 해외 부동산투자가 확대되고 있다. 강남 부자들을 중심으로 중국과 미국의 주식투자 비중이 늘어나더니 2020년부터는 '서학개미'라는 용어가 생겨날 만큼 주식투자자들의 미국 주식투자 비중이 급속도로 늘어났다.

　이러한 해외투자 비중이 높은 투자자들에게는 글로벌 경제지표는 투자성과에 직접적인 영향을 미치는 변수이므로 아주 중요하다. 또한 글로벌 경제지표는 해외투자를 하지 않는 투자자에게도 중요하다. 미국 주식시장이 한국 주식시장에 영향을 미칠 뿐 아니라 미국 부동산시장이 한국 부동산시장에 영향을 미치는 시대이기 때문이다. 국내투자만 하는 투자자일지라도 글로벌 경제지표에 관심을 가져야 한다.

　투자에 영향을 미치는 변수가 경제지표다. 그렇다면 경제지표는 무엇에 영향을 받을까? 경기의 큰 사이클에 영향을 받을 수도 있고, 국제정세에 영향을 받을 수도 있다. 또는 한 나라의 경제지표들은 정부의 정책에 큰 영향을 받는다. 사회, 복지, 교육, 문화 등 여러 분야에 정부의 역할이 중요한 것처럼 경제도 정부의 기능이 매우 중요하다. 우리가 열심히 선거에 참여해서 소중한 한 표를 행사해야 하는 이유다.

정부의 경제정책은 정부지출, 조세수입 등을 조절하는 재정정책과 금리와 통화량을 조절하는 금융정책이 있다. 재정정책과 금융정책 모두 경기호황과 경기불황을 조절하는 정책이다.

투자자들에게 더욱 중요한 정책들은 투자 환경에 직접 영향을 미치는 정책들이다. 최근의 사례로는 부동산시장에서 부동산보유세나 양도소득세를 통하여 부동산 가격 형성에 개입한다든지, 주식시장에서 공매도를 한시적으로 금지하거나 주식 양도소득세를 강화하는 정책들이 있다. 어떤 정책은 투자 환경에 긍정적인 재료가 되기도 하고, 어떤 정책은 악재로서 역할을 하여 투자자들의 저항을 받기도 한다. 투자자라면 정부정책에 대해서 주의 깊게 살펴볼 필요가 있다.

투자 대상을 고르는 방법

지금까지 투자에 대한 기본적인 것들을 익혔다면, 이제 본격적으로 무엇에 투자하면 좋을지에 대해 알아보자. 투자 대상을 선정할 때 중요한 판단 기준은 수익성, 안정성, 유동성이 있는데 이 세 가지를 투자의 3원칙이라고 한다. 그렇다면 투자의 3원칙에 가장 적합한 투자 대상은 무엇일까?

베스트셀러나 천만 영화가 사랑받는 이유가 다수의 입맛에 맞기 때문이라고 한다면 전 세계 투자자금의 투자 비중을 생각해보면 된다. 주식, 채권, 부동산이 투자 3인방이라고 할 수 있다. 이 세 가지 투자 대상을 각각 3원칙에 대입해보면 채권은 안정성과 유동성은 높지만, 수익성이 다소 떨어지며, 주식은 수익성과 유동성이 높지만, 안정성이 떨어지고, 부동산은 수익성과 안정성은 높지만, 유동성이 떨어진다.

우리나라 국민들의 투자 비중을 살펴보면 부동산이 가장 높고, 다음으로 주식, 채권 순서다. 이는 선진국과는 다른 모습이다. 또한 기관 투자자를 제외하고 개인 투자자만 놓고 봤을 때, 가장 중요한 투자 대상은 부동산과 주식이다. 특히 전통적으로 부동산투자 비중이 매우 높았다면 최근 들어서 주식투자 비중이 점점 높아지고 있고, 국내뿐 아니라 해외 주식투자 비중도 높아지고 있다.

부동산투자의 시작은 내 집 마련이다. 과거에는 은행에 저축을 해서 목돈마련을 한후 대출을 받아 내 집 마련의 꿈을 이루었기에 부동산투자 비중이 절대적으로 높았다. 요즘은 은행에 저축을 해서 목돈마련을 하기보다 주식투자로 목돈을 마련하고자 하는 젊은이들이 증가했기 때문에 주식투자 비중이 점점 높아지고 있다. 사실 부동산투자의 출발점이 내 집 마련의 니즈에서 비롯된다는 것은 어찌 보면 너무 당연한 세상 이치일지도 모른다. 사람들은 바라는 것을 얻고, 경험한 것을 믿으니 말이다. 전 국민이 내 집 마련을 꿈꾸고, 내 집을 마련하고, 집값이 오르는 경험을 했다는 것이 부동산 불패신화를 이루어 냈다고 해도 과언이 아닐 것이다. 투자 대상의 가격상승에는 상승에 대한 기대감이 매우 크게 좌우하기 때문이다.

물론 부동산과 주식 이외에도 수많은 투자 대상들이 있다. 여러 금융회사들의 금융상품, 금 등의 실물투자, 비트코인 등 가상화폐, 달러를 포함한 외환투자 등 다양한 투자 대상이 있지만, 우리의 투자자금과 연구 시간은 유한하므로 가장 중요한 투자 대상인 부동산과 주식에 집중하기 바란다. '선택과 집중'은 인생의 진리이기도 하지만 투자세계의 진리기 때문이다.

나도 '선택과 집중'을 하며 여러 투자 대상 중에 부동산과 주식에 집중해서 공부해왔다. 주식투자는 20년 이상 실전투자와 함께 계속 공부해오고 있고, 부동산투자도 우리나라 최고의 대학원에서 글로벌 부동산 전공을 하면서 공부했다.

이 책에서는 둘 중에 보다 더 자신 있는 주식투자에 대해서 좀 더 자세하게 설명하고 있다. 다음에 부동산투자 관련 책을 쓰게 될 기회에 내가 생각하는 부동산투자 성공법에 대해서 독자 여러분에게 정리해드릴 예정이다.

3
주식투자를 하는 이유

'본전만 찾으면 주식시장 떠나야지.' 하며
주식투자를 억지로 하는 투자자는 명심하길 바란다.
스스로 주식투자를 사랑해야 주식시장도 '나'를 사랑할 것이다.

하고 싶은 것, 잘하는 것 그리고 해야 하는 것

사전적 의미로 취미는 즐거움을 얻기 위해 하는 일, 특기는 남이 가지지 못한 특별한 기술이나 기능, 직업은 생계를 유지하기 위하여 계속하여 종사하는 일을 뜻한다. 취미는 하고 싶어서 하는 일이고, 특기는 잘하는 일이고, 직업은 돈을 벌기 위해서 해야 하는 일이다.

우리 주변을 보면 행복한 직업을 갖고 있는 사람보다 어쩔 수 없이 억지로 일을 하며 스스로 불행한 직업을 갖고 있다고 생각하는 사람이 많다. 하고 싶지 않은 일이 직업이라면 일을 하는 것 자체가 괴롭고 지루할 수밖에 없다. 더 나아가 잘못하는 일이 직업이면 돈을 벌기는커녕 매일 생활고에 시달릴 수밖에 없다.

물론 이런 것들이 두렵다고 직업 선택을 안할 수는 없다. 직업은 최소한의 돈을 벌 수 있는 수단이기 때문에 자본주의 사회에서는 직업 없이 결코 생활을 이어나갈 수가 없다. 본인이 금수저라면 이야기가 달라지겠지만 말이다.

반대로 취미나 특기가 직업이 된다면 행복할까? 좋아하는 일이 직업이 되고, 더 나아가 잘하는 일이 돈을 버는 수단이라면 자연스레 돈은 따라올 것이고 행복감도 상승할 것이다.

이게 내가 주식투자를 하는 이유다. 나에게 주식투자는 처음부터 지금까지 세상에서 가장 재미있는 일이었다. 주식투자를 막 시작한 초보 시절에는 주식시장이 열리지 않는 주말이 너무 싫었고 일요일 밤이 되면 심장이 떨려왔다. 몇 시간 후면 진짜 재미있는 주식시장이 개장하기 때문이었다.

시장을 분석하고 매수 종목을 선정해서 수익이 났을 때 느낄 수 있는 짜릿함이 있다. 이는 세상의 그 무엇과도 비교할 수 없다. 그래서 난 이 세상에서 주식투자가 가장 재미있다고 자신 있게 말할 수 있다. 그리고 짜릿함을 더 자주 느끼기 위해 매일 증권사 리포트를 읽고, 주식시장을 연구하고 최고의 종목을 선정하다보니 재미있는 일을 잘하게 되었다.

주식투자를 잘하게 되자 남들보다 빨리 큰돈을 벌게 되었다. 세상에 이렇게 가슴 떨리고 신비한 일이 또 있을까? 나에게 주식투자는 너무나도 행복한 일이다. 주식투자는 내 취미고 특기면서 행복한 직업이다.

하지만 모든 투자자들이 나와 같은 것은 아니다. 마음으로는 주식투자로 돈을 벌고 싶어 하지만 막상 주식투자를 잘 못하거나 심지어 좋아하지 않은 경우도 있다. 무엇이든 좋아해야 잘하게 되고, 잘해야 돈을 벌수 있다. 그런데 주식투자로 돈만 벌고 싶어 하고 좋아하지 않으니 주식투자를 잘하지 못하고 돈도 벌지 못하는 상황으로 이어진다. 소위 말해 주식투자와 궁합이 안 맞는 것이다.

입버릇처럼 '본전만 찾으면 주식시장 떠나야지.' 하며 주식투자를 억지로 하는 투자자는 명심하길 바란다. 스스로 주식투자를 사랑해야 주식시장도 '나'를 사랑할 것이다.

당신은 사무실에서 벗어날 수 있다

미국의 투자자 알렉산더 엘더Alexander Elder가 쓴 『심리투자 법칙 Trading for a living』이라는 책은 이렇게 시작한다.

"당신은 자유로워질 수 있다. 늘 똑같은 업무에서 벗어나 아무에게도 간섭받지 않고 세계 어느 곳에서든 살면서 일할 수 있다. 이것이 성공한 투자자의 인생이다"

이 얼마나 상상만 해도 멋진 말인가?

주식투자를 하면서 자유롭게 세계 어느 곳에서나 살 수 있다는 것은 내가 직접 경험해봐서 익히 잘 알고 있다. 나는 성공한 주식투자자로서 여행 다니는 것을 참 좋아했다. 노트북 하나만 있으면 어느 곳에서든 돈을 벌 수 있기 때문이다. 국내에서 가장 좋아했던 여행지는 제주도, 속초, 태백이다. 제주와 속초는 바다가 좋아서 다녔고 태백은 스키장과 카지노를 동시에 즐길 수 있어서 가곤했다.

주말을 이용해서 여행할 때가 많았지만 조금 길게 다닐 때는 노트북 두 대를 갖고 다니면서 주식투자에 지장이 없도록 했다. 그리고 일행과 함께한 여행이더라도 평일에는 3시가 넘어야 여행에 합류하곤 했다. 시장의 변동성이 크지 않거나 단기매매종목을 보유하지 않고 있는 경우에는 여유롭게 숙소 근처의 여행지 정도는 돌아다닐 수 있었다.

해외는 어떠한가. 국내보다 인터넷 속도가 열악해서 문제될 때도 있었지만 인터넷이 되는 곳이라면 어디든지 노트북 하나면 국내에서 투자하는 것과 동일한 환경이다.

주식투자로 돈을 크게 벌고 32살에 캐나다에서 약 2년 동안 거주했던 경험이 있다. 그 당시에도 캐나다 밴쿠버에서 한국 주식투자를 계속했다. 시차 덕분에 주식투자하기 딱 좋았던 기억이 난다. 우리나라 주식시장이 열리는 시간대인 오전 9시에서 3시가 밴쿠버에서는 오후 4시부터 밤 10시까지였기 때문이다.

그래서 영어를 배우기 위해 학교를 열심히 다닐 수 있었다. 종종 학교를 가지 않을 때는 야외에서 골프나 테니스, 스케이트 등 하고 싶은 운동을 마음껏 하고 맛있는 점심도 먹곤 했다. 그러다 한국 주식시장이 개장되면 오후 4시부터 밤 10시까지 시장을 체크하며 매매를 하며 하루를 마무리했다.

밴쿠버에서 지내는 동안 미국 서부 여행을 다녀오기도 했다. 약 한 달 동안 시애틀, 샌프란시스코, 로스앤젤레스, 샌디에고 등 서부 해안 도시를 중심으로 라스베이거스와 그랜드캐니언, 요세미티 국립공원까지 다 돌고 밴쿠버로 돌아오는 일정이었다.

역시 이때도 노트북을 챙겨갔다. 대부분 호텔에서 별도로 인터넷 사용료를 받았기에 돈을 아까워하며 주식투자를 했던 기억이 아직도 생생하다. 그래도 얼마나 즐거운 일인가. 미국 서부 여행을 하면서도 주식투자로 돈을 벌었으니 말이다. 물론 변동성이 심하거나 단기매매종목을 보유하고 있을 때는 오후 4시부터 호텔방에서 매매를 해야 했지만 말이다.

주식으로 성공한 주변 지인 중에는 스노보드를 너무 좋아해서 겨울에는 한국에서 여름에는 뉴질랜드에서 보드를 즐기는 이가 있다. 또 다른 지인은 노트북 하나만 챙겨서 1년 이상 세계여행을 다녀왔다고 한다. 이들 모두 성공한 주식투자자다.

주식투자에는 사무실도 책상도 필요가 없다. 심지어 요즘은 스마트폰 기능이 정교해져서 휴대폰 하나만 갖고 있으면 세계 어느 곳에서든 여행하며, 주식투자를 할 수 있다.

더군다나 위에 언급한 나의 이야기는 단기매매를 주로 하던 시기의 경험이지만, 중장기투자를 한다면 더욱 공간적 자유가 보장될 것이다. 왜냐하면 중장기투자의 경우 시장이 열려있을 때 꼭 매일매일 장을 지켜볼 필요는 없기 때문이다. 그래서 금액이 커지거나 체력이 약해지는 나이가 오면 더욱더 중장기투자가 단기매매보다 더 유리하다. 특히 여행을 좋아한다면 더욱 그렇다는 것을 명심하자.

인간관계에 스트레스를 받는다면?

이러한 공간적 자유 외에도 주식투자를 20년 이상 성공적으로 해오면서 느낀 주식투자의 최대 장점은 바로 '인간관계의 자유'다. 나역시 직장생활을 해본 사람이고 현재 사업도 하고 있지만, 사회생활을 할 때 대부분 인간관계에서 비롯되는 문제들이 가장 힘들고 큰 스트레스임을 자주 느낀다. 이는 대부분의 직장인들이 공감하는 부분일 것이다.

일에서 오는 스트레스라면 일을 줄이거나 또는 일을 더 완벽하게 수행해서 해결할 수 있지만, 사람과의 스트레스는 딱히 해결 방법이 없다. 아무래도 직장을 선택할 때 업무와 급여는 정확하게 알아보지만, 어떤 사람과 함께 일하게 될지는 미리 알기 어렵기 때문이다. 이러한 인간관계 문제는 원천적으로 봉쇄할 수 없을 뿐 아니라, 대부분 직장인들의 퇴사 원인으로 이어진다.

안타깝게도 이는 직장인만의 문제로 그치지 않고, 자영업자나 사업가에게도 동일하게 적용된다. 사업의 수익성이나 성장성보다 거래처나 직원관리에서 오는 스트레스가 크기 때문이다. 특히 거래처와의 인간관계 문제는 자칫 갑을 관계로 이어질 경우 스트레스를 넘어서 정신질환까지 생길 수 있다.

이러한 관계의 문제는 감정의 문제기 때문에 노력한다고 완전히 해결되지 않는다. 오히려 좋은 인간관계를 위해 노력할수록 자괴감이 들고 스트레스가 더 커지기도 한다. 하지만 인간관계가 필요 없는 직업은 거의 없다. 조직이 필요 없는 자유업종인 프리랜서나 운동선수, 연예인, 예술가일지라도 일을 하기 위해서는 분명 누군가의 도움, 즉 관계가 필요하기 때문이다.

유일하게 인간관계가 필요 없는 직업이 바로 주식투자자다. 주식투자는 컴퓨터 한 대만 있으면 된다. HTS를 설치하는 순간 보이지 않는 투자자들과 경쟁이 있을 뿐, 주식투자를 위해서 어떠한 인간관계 형성도 필요 없다. 혹자들 중에는 이런 오해를 하는 경우도 있다. 정보도 받아야 하고, 함께 주식투자하는 그룹도 형성해야 성공하는 거 아니냐고 말이다. 내 대답은 단호하게 'NO!'다. 스스로 판단하고 스스로 행동하는 더 나아가 스스로 책임지는 성공 투자자가 되기 위해서는 컴퓨터 하나면 충분하다.

인간관계의 스트레스 때문에 지금 직업이 싫은 분들은 주식투자와 사랑에 빠지길 바란다. 주식투자를 사랑하면 잘하게 되고 잘하게 되면 돈을 벌게 되고, 돈을 벌게 되면 더 이상 싫은 사람과 어울리며 직업을 계속 유지할 필요가 없기 때문이다.

보다 쉽게 보다 큰돈을 벌어보자

세계 최고의 부자 중에 한 명인 워런 버핏은 1930년생이다. 우리나라 나이로 치면 2020년 기준 91세다. 백세 시대를 살아가는 우리에게 왜 주식투자를 해야 하는지를 몸소 보여주는 주식투자계의 전설이라 할 수 있겠다. 꿈이 클수록 좋듯이 롤 모델 대상도 대단할수록 좋다. 워런 버핏 뿐 아니라 우리나라에도 천억 원 이상, 수백억 원 이상의 성공 투자자가 꽤 많이 있다.

주식투자를 오래한 사람으로서 주식투자의 성공이 다른 분야에서의 성공보다 어렵다고 말하고 싶지는 않다. 특히 노력 대비 산출 측면에서 그렇다. 보통의 주식투자자들의 노력이 그만큼 적다는 이야기기도 하다. 주식투자자 중에 하루에 10시간 이상 공부하고 노력하는 사람이 몇 명이나 있을까. 하지만 웬만한 분야에서는 기본 10시간 정도의 시간을 투입해야 하고, 15시간 이상씩 몇 년 동안 노력해야 하는 분야도 많다. 그런데 주식투자를 하는 사람 중에 하루에 1시간도 노력하지 않는 사람이 많다.

　원금의 크기에 따라 다르겠지만 주식투자를 잘한다면 1년에 1억 원을 버는 것이 그리 어려운 일은 아니다. 직장인의 연봉이 1억 원이면 굉장히 큰 금액이지만 주식투자자에게 연봉 1억 원은 상대적으로 큰 금액이 아니라는 말이다. 바로 이것이 주식투자를 시작하는 이유이다.

　이처럼 노력 대비 좀 더 쉽게 보다 큰돈을 벌기 위해 많은 사람들이 주식투자를 시작할 것이다. 하지만 많은 투자자들이 어렵게 주식투자를 하고 있고 심지어 큰돈을 벌기는커녕 잃고 있다. 결국 이들은 "이따위 주식투자를 왜 하는 걸까?", "본전만 찾으면 그만해야지!"라고 투덜대며 실패한 투자자로 시장에서 퇴출된다.

　하루에 10시간 이상 매일 공부하면서 주식투자를 어렵게 하고 싶지 않거나 은행이자율인 연간수익률 1%정도에 만족하기 싫다면, 지금부터 진짜 집중해야 한다. 내가 제시하는 성장주 투자법을 통해서 쉽게 본전 찾고 큰 돈 벌고 싶으면 말이다.

4

완벽한 투자 기법

'○○ 종목을 얼마에 사서, 얼마에 파세요.'라는 아바타 행위
를 돈 주고 하고 있다. 꽤나 비싼 리딩 비용을 내면서 말이다.
주식투자에 성공하고 싶다면 'Lead' 당하지 말고
시장을 'Read' 해야 한다.

Lead 당하지 말고 시장을 Read 하라

이 세상에 주식투자 성공 비법은 있을까? 없다. '비법'이라는 단어
의 사전적 정의는 '공개하지 않고 비밀리에 하는 방법'이다. 알려지
지는 않았지만 누군가는 비법으로 어제도 오늘도 내일도 대박을 치
면서 큰돈을 벌고 있을 것이다.

여기서부터 투자자들의 '비법 찾기'가 시작된다. 알려지지 않은 비
법을 반드시 찾아내겠다는 신념 하나로 서울, 대전, 대구, 부산, 광주

를 찍고 용하다는 도사들이 모여 산다는 계룡산까지 찾아간다. 웃기려고 쓴 글처럼 보일 수 있지만 이런 투자자는 굉장히 많다.

내가 아는 분은 전국 고수들에게 낸 과외비만 수천만 원이며, 종목 발굴 프로그램만 세 개를 갖고 있다고 한다. 그래서 그 분이 수익을 냈냐고? 나의 대답은 '그래서 수익을 냈겠냐고!'다.

좀 더 현실적인 이야기를 하면 이해가 빠를 것이다. 투자자들은 유튜브, 카페, 블로그 등 여러 플랫폼의 채널에서 '주식고수'를 찾아 나선다. 사실 투자자들이 찾는 주식고수는 정확히 표현하면 오르는 종목을 미리 말하는 사람이다.

과연 찾을 수 있을까? 없다. 처음에는 찾았다고 오해할 수는 있다. 왜냐하면 어차피 종목은 상승 아니면 하락인지라, 첫 종목에서 1/2의 확률로 그 운영자는 고수로 인정받을 수 있다. 그다음 종목은 1/4의 확률, 그다음 종목은 1/8의 확률로 고수에서 탈락할 확률은 점점 높아지지만 말이다.

어림잡아 천 명 이상의 주식투자 콘텐츠 제공자들이 있을 테니, 이들 중 10명 정도는 고수로 입소문이 날수는 있다. 언젠가는 고수에서 하수로 전락할 운명이지만 말이다.

다음 코스는 돈을 내고 주식투자를 배우는 단계다. 사실 정확히 말하면 주식투자를 배우는 것이 아니고, '○○ 종목을 얼마에 사서, 얼마에 파세요.'라는 아바타 행위를 돈 주고 하고 있다. 꽤나 비싼 리딩 비용을 내면서 말이다.

주식투자 실력이 늘 것인가의 관점에서 본다면 가장 해서는 안 되는 행위라고 할 수 있다. 주식 콘텐트를 읽거나 보는 것이 아닌 단지 종목을 얼마에 사서 얼마에 팔라는 지령(?)을 받는 거라면 나의 주식 실력 증가에는 전혀 도움이 안 된다.

주식투자에 성공하고 싶다면 'Lead' 당하지 말고 시장을 'Read' 해야 한다.

그렇다면 주식투자를 막 시작한 주린이들은 누구를 의지하고 어떤 공부를 해야 한단 말인가. 먼저 증권사 리포트를 매일 읽는 연습을 하는 것을 추천한다. 그리고 틈나는 대로 주식투자 서적을 읽는다면 최고의 공부가 될 것이다.

언젠가 언론사 인터뷰를 할 때, "처음에 주식투자 공부를 어떻게 했죠?"라는 질문을 받은 적이 있다. 나는 주식투자를 처음 했을 때 종이로 된 증권사 리포트를 매일 읽으면서 공부를 했다. 그리고 내방 서재에는 수백 권의 주식투자 책이 채워져 있다.

이렇게 한다고 주식투자에 성공할 수 있을까라는 의문이 있는 분들이 훨씬 많을 것이다. 증권사 리포트 1년 동안 매일 보고 주식투자 서적 100권만 읽자. 그 이후부터는 주식투자 공부 어떻게 해야 하는지에 대한 궁금증은 사라질 것이다.

이렇게 주식투자 공부가 이렇게 어렵다고 말하고 끝낸다면 주식투자로 부자가 되겠다는 꿈을 너무 짓밟는 것은 아닐까라는 생각이 든다. 그래서 비법은 아니지만 적어도 이 정도의 논리와 이해를 하면 주식투자에서 성공할 확률이 높아지는 방법을 속성과외 해주듯이 간단히 정리해보고자 한다.

최적의 매수매도 타이밍이란

주식투자를 하는 이유는 돈을 벌기 위해서고, 돈을 벌 수 있는 방법은 오직 하나만 존재한다. 내가 산 가격보다 비싼 가격으로 주식을 파는 것이다. 우스갯소리로 '주식투자는 내가 산 가격보다 더 비싸게 사는 바보를 찾는 게임'이라는 말이 있다.

여기에서 주식투자 성공에 이르게 하는 변수가 두 가지임을 알 수 있다. 어떤 주식을 살 것인가? 그리고 언제 사고 언제 팔 것인가? 전자를 종목선정이라고 하고, 후자를 매수매도 타이밍이라고 한다.

주식투자자와 상담을 하다보면 이런 이야기를 정말 많이 듣는다.
"저는 종목선정은 잘하는데, 타이밍을 잘 못 잡겠어요."

이 글을 보는 분들 중에 '나야 나!'라고 외치시는 분들이 있다면 반성이 필요하다. 종목선정, 매수 타이밍, 매도 타이밍 이 세 가지 행위에 대해서 주식투자 성공에 대한 가중치를 부여해본다면 종목선정 85%, 매수 타이밍 5%, 매도 타이밍 10%다. 이 가중치는 난이도나 중요도를 종합한 결과다.

종목선정보다 매도 타이밍이 더 어렵다고 생각하는 사람들은 다음 두 가지의 경우에 해당될 것이다. 첫째, 종목선정에 공을 들이지 않은 경우다. 종목선정은 2000 종목이 넘는 종목에서 하나를 선택하는 행위고 매도는 내가 갖고 있는 종목을 언제 파는지를 결정하는 행위다.

매도 타이밍을 못 잡는 이들에게 "2000 종목 중에 최고의 종목을 선택하기 위한 노력을 얼마나 하지 않았으면 매도가 더 어렵게 느껴질까."라고 반문하고 싶다. 다수의 투자자들이 종목선정을 직접 하지 않고 주변의 도움을 받기 때문일 것이다. 성공하는 주식투자자가 되려면 종목선정을 직접 하는 버릇을 들여야 한다.

둘째, 종목 보유를 하는 동안 감정 컨트롤이 잘 되지 않는 경우다. 매수 타이밍이 매도 타이밍보다 쉬운 이유는 하나다. 돈을 갖고 매수를 고민할 때는 마음이 편하지만, 종목을 갖고 매도를 고민할 때는 심장이 쿵쾅거리기 때문이다.

돈을 갖고 있을 때는 돈의 가치가 변하지 않지만, 주식을 보유하고 있을 때는 주가의 오르내림에 따라서 하루는 천당을 하루는 지옥을 왔다 갔다 한다. 그래서 이성적으로 결정을 내리는 종목선정이나 매수 타이밍 선정보다 공포와 탐욕이라는 감정이 개입되는 매도 타이밍 선정이 훨씬 어렵게 느껴지는 것이다.

심리를 다스리는 법을 경험과 훈련으로 배울 수 있다면 종목선정이 훨씬 중요하고 어렵다는 것을 공감할 수 있다. 주식투자 성공의 가장 중요한 관건은 종목선정이다. 매수 종목을 선정하는 방법은 매우 다양하다. 그 다양한 방법들을 직접 다 경험할 수는 없지만 간접 경험은 할 수 있다. 아래에 몇몇 주식 전설들의 종목선정 방법들을 먼저 설명하고 나만의 종목선정 방법도 제시해본다.

대가들의 비법

① 벤저민 그레이엄

가치투자자들의 바이블인 『현명한 투자자』의 저자이자 가치투자의 아버지라고 불린다. 또한 워런 버핏의 스승으로 알려져 있다. 저평가 가치주에 대한 투자법으로 유명하다. 기업가치보다 싸게 거래되는 주식을 매수해서 주가가 기업가치에 접근하면 매도해서 수익을 내는 투자를 강조하며 안전마진이라는 투자의 중심개념을 고안해냈다. 가치투자 중에서 특히 양적 분석에 의한 가치투자의 최초이자 최고 이론을 정립했다고 평가하고 싶은 대가다.

② 워런 버핏

'오마하의 현인'으로 불리는 워런 버핏은 이 시대의 살아 있는 투자 전설이다. 매년 발표되는 세계의 부자 순위 5위 안에 늘 포함되는 투자자로서 미국시장의 시가총액 상위 투자기업인 '버크셔 해서웨이'의 최대주주다. 바보도 경영할 수 있는 사업에 투자하는 것을 원칙으로 삼았다. 또한 그 사업을 자신이 완벽히 이해해야 좋은 기업이라고 믿었다. 좋은 기업을 선택하면 집중 투자도 과감하게 행한다. IT 기술주에 대한 투자를 망설였던 과거와 달리 최근의 기술혁신 시대에서는 애플 등 IT 핵심주에 대한 투자도 적극적으로 하고 있는 모습을 보인다. 스승인 벤저민 그레이엄의 양적 분석에 더해 질적 분석까지 고려해서 가치투자를 현재 모습으로 한 단계 끌어올렸다고 평가하고 싶은 대가다.

③ 피터 린치

내가 읽은 주식투자 번역서 중에서 가장 재밌게 읽은 책은 최고의 스테디셀러 『전설로 떠나는 월가의 영웅』이다. 피터 린치는 이 책의 저자다. 이 책에는 초보 투자자들이 기억해야 할 인사이트가 참 많다.

대중과 다른 관점으로 시장을 봐야 한다고 가르치는 '칵테일파티 이론', 악재에 민감할 필요 없다는 것을 강조하는 '북소리 효과', 포트폴리오의 수익률을 극대화시키는 '텐 배거* 종목' 그리고 애널리스트보다 더 빨리 좋은 종목을 선정할 수 있는 최고의 방법인 '생활 속의 종목 발굴법' 등이 있다. 쉬운 사례 등을 통해 초보 투자자들에게 최고의 인사이트를 주고 있는 진정으로 현명한 투자자로 평가하고 싶은 대가다.

④ 필립 피셔

『위대한 기업에 투자하라Common stocks and Uncommon profits』라는

---

* 텐 배거(Ten Bagger)란 모든 투자자들이 원하는 '꿈의 수익률'인 10배 수익률.

책으로 잘 알려진 투자자다. 워런 버핏은 벤저민 그레이엄과 함께 필립피셔를 스승으로 밝힌바 있다. 양적 분석보다 질적 분석을 훨씬 중요하게 여겨서 CEO에 대한 판단 등 재무제표에 나오지 않는 항목에 대한 사실 판단을 중요하게 생각했다. 벤저민 그레이엄이 가치주 투자의 선구자라면, 필립 피셔는 성장주 투자의 선구자다.

⑤ 기타

위에 있는 4명의 투자가들은 둘째가라면 서러워 할 대가들임에 분명하다. 이외에 내가 공부하면서 큰 도움을 받은 투자가들의 책들은 너무 많다. 제시 리버모어의 책에서 추세매매의 논리와 타당성을 생각하게 되었으며, 앙드레 코스톨라니의 책에서 주식투자 나아가서 돈에 대한 철학적 의미와 통찰력을 키우게 되었다. 또한 윌리엄 오닐의 책에서 가치와 가격의 비교를 통한 성장주 투자를 배웠고, 알렉산더 엘더의 책에서 3M을 통하여 기법Method과 함께 마인드 컨트롤Mind Control과 자금관리Money Management가 중요하다는 것도 배웠다.

지면 관계상 다 쓸 수 없지만 학교도 없고 학과도 없는 주식투자 공부를 함에 있어서 주식투자 책은 성공 투자를 위한 필수 교재임을 강조하고 싶다. 이론도 중요하지만 실전 경험이 중요한 주식투자를 잘하기 위해서 다양한 간접 경험을 할 수 있다는 점을 꼭 기억한다면 주식투자 책을 읽어야 하는 충분한 동기부여가 되지 않을까?

슈퍼개미 이세무사의 8가지 투자 기법

① 시가총액 비교법

예전에 식당 옆 테이블에서 우연히 이런 이야기를 들은 적이 있다.

"삼성전자 요즘 회사가 많이 안 좋나 봐."

"왜?"

"삼성전자 주가가 200만 원 넘게 올라갔었는데, 지금 5만 원도 안 되잖아."

주식투자를 안 하는 사람이라면 이런 오해를 할 수 있지만, 주식투자자라면 절대 해서는 안 되는 착각이다. 주가보다 시가총액이 더 중요하다는 걸 알아야만 한다.

주식투자자라면 '이 회사의 주가는 얼마냐?'가 아닌, '이 회사의 시가총액은 얼마냐?'를 기억해야 한다. 삼성전자의 주가가 5만 원인 게 중요한 게 아니라 시가총액이 350조 원이 넘는 우리나라 최고의 기업이라는 점을 기억해야 한다. 따라서 삼성전자와 SK하이닉스, NAVER와 카카오, 삼성바이오로직스와 셀트리온, 엔씨소프트와 넷마블 등 동종 업종의 종목들을 비교할 때에도 주가가 아닌 시가총액 비교가 의미 있다고 할 수 있다.

② 분산투자 기법

분산투자는 아무리 강조해도 지나치지 않은 기법이다. 정확히 말하면 종목선정 기법이 아니라 포트폴리오 관리 기법이라고 할 수 있다. 분산투자의 목적은 위험관리다. 분산투자로 위험을 낮추면서 수익률을 유지해야 한다. 주식투자자는 수익률 극대화와 위험 극소화라는 줄에서 줄타기를 하는 사람이다. 그 줄에서 떨어지지 않기 위해서는 절대적으로 균형을 찾아야 한다. 분산투자가 바로 주식투자에 있어서 균형을 지켜줄 것이다.

초보 투자자들의 경우 몇 종목 정도를 보유해야 하는지 궁금해 하는 경우가 많다. 나는 5~10 종목 사이가 관리하기 가능한 수준이라고 생각한다. 물론 보유 종목 숫자보다 더 중요한 것은 보유 종목들의 상관관계가 낮을수록 좋으므로 서로 다른 섹터의 종목들로 구성해야 한다는 것이다.

③ 상승률 매매 기법

나는 주식투자 초보 주린이 시절에 상한가 매매 기법으로 가장 많은 수익을 얻었다. 상한가를 분석하고 추격매수해서 연속 상한가 종목을 잡아내기만 하면 일주일에도 두 배 수익이 가능했던 시절이었다. 물론 상한가 종목을 보유하고 있을 때는 점심은커녕 화장실도 가서는 안 되는 것이 단기 트레이더들에게는 불문율이었다.

배고픔과 생리현상을 참아야 성공 투자를 할 수 있다는 것은 아이러니하게도 나 자신을 강한 투자자로 키워냈던 원동력이었는지도 모른다. 이제는 단기매매 비중을 많이 낮추었지만 아직도 습관적으로 장중 시간에는 모니터 앞에 있어야 맘이 편한 것은 오랜 주식 습관일 것이다.

요즘에는 상한가가 30%로 확대되면서 상한가 종목이 많지 않다.

그래서 변화를 준 것이 '상승률 매매 기법'이다. 상승률이 높은 종목을 하루에 30~50 종목 정도 분석해보자. 오늘 오른 종목을 공부하면 내일 오를 종목을 찾아내는 눈이 길러질 것이다.

④ 짝짓기 매매 기법

나는 대학원에서 와인 소믈리에 전공으로 석사를 수료했을 정도로 와인을 무척 좋아한다. 와인과 음식의 조화를 '마리아주mariage'라고 하는데, 육류에는 레드 와인, 생선에는 화이트 와인 등 궁합이 맞는 와인과 음식이 있다는 뜻이다.

주식 종목 중에도 이와 같이 궁합이 맞는 종목들이 존재한다. 하나의 재료에 같은 움직임들이 나오는 종목군을 '테마'라 한다. 테마는 수개월에서 1년 이상 강한 움직임을 보이기도 한다. 종종 테마를 도박이라고 생각하는 사람들이 있다. 하지만 반도체주, 금융주, 조선주 등 동일 업종의 종목들도 넓게 봐서는 테마라고 할 수 있기에 굳이 거부감을 가질 필요는 없다.

이러한 테마 분석이 중요한 이유는 상승장에서는 주도섹터가 늘 존재하고 주도섹터 내에서 대장주와 쫄개주의 구분을 하여 상승장의 주도주를 잡아낼 수 있는 분석법이기 때문이다. 평소에 같은 주가의 움직임을 보이는 종목들을 관심종목에 설정하여 계속 업데이트 해나간다면 미래에 열매를 맺을 수 있는 귀한 무형자산이 될 것이다.

⑤ 신고가 매매 기법

정배열은 주가가 오르고 있는 상승추세라는 것을 의미하고 신고가는 오늘의 종가가 전 고점을 뚫었다는 것이다. 즉 '정배열 신고가 차트'는 주가가 우상향하면서 전고점을 갱신하여 매물벽이 존재하지 않고 가볍게 주가상승이 가능한 상태다. 특히 오랜 조정 후에 역사적 신고가를 갱신하면 굉장히 강력한 상승탄력이 나올 수 있으므로 신고가 갱신이 가능한 종목들은 미리 관심권에 두고 관찰을 지속적으로 해나가야 한다. 또 하나의 응용전략이 있다. 신고가 갱신이 특정섹터의 종목에서 계속 배출된다면 주도섹터일 확률이 높으므로 집중공략을 고려해야 한다.

⑥ 신규 상장주 공략법

주식투자를 하다 보면 오래된 재료보다 새로운 재료가 훨씬 강력하다는 것을 알 수 있다. 마찬가지로 오래된 종목보다 새롭게 상장된 종목이 급등 종목으로 탄생하는 경우가 많다. 왜냐하면 주식투자자들이 기존에 거래하던 종목보다 신규 상장된 종목에 큰 관심을 갖기 때문이다. 따라서 좋은 재무구조와 주목받는 업종 그리고 적정한 공모가 수준으로 신규 상장된 종목은 의외의 큰 수익을 주는 종목이 될 수 있다. 이를 기억해서 신규 상장주를 공략하는 것도 좋은 기법 중 하나다.

⑦ 생활 속 종목 발굴법

월가의 전설적인 영웅 피터 린치는 일상에서 얼마나 많은 종목을 발굴할 수 있는지를 강조했다. '미치면 통한다.'라는 말처럼 주식투자에 미치면 일상에서 많은 종목 발굴의 기회를 포착할 수 있다.

우리는 마트에서 병원에서 길거리에서, 심지어 TV를 보면서도 실적이 좋아지는 종목을 발견할 수 있다. 이렇게 생활 속에서 발굴된 종목은 어느 경제기사보다 어느 애널리스트의 리포트보다 더 빠르게 포착되었을 확률이 높다. 따라서 의외의 큰 수익을 우리에게 주기도 한다. 초보자들에게 가장 쉬우면서 가장 큰 수익을 주는 기법이므로 반드시 실행에 옮기도록 하자.

⑧ 삼박자 투자법

삼박자 투자법은 내가 만든 '비법' 아니 보다 정확히 말하면 '완벽 투자 기법'이다. 종목선정의 완벽한 기법이라고 자부하지만 어렵다는 단점이 있다. 어렵지만 중요한 기법이므로 위에 설명한 7가지 기법과 달리 조금 더 자세하게 설명을 하겠다.

5

삼박자 투자법

일단 시작해보자. 해보고 자신한테 맞지 않는 분석법이면 그만두면 된다.
우리는 살면서 시도를 해서 하는 후회보다
시도를 안 해서 하는 후회가 훨씬 더 많다는 것을 알아야만 한다.

세상에서 가장 완벽한 투자법

개인적으로 8가지 성공 투자 기법 중 '삼박자 투자법'이 가장 중요
하다고 생각한다. 삼박자 투자법에 대해 구체적으로 설명하면 다음
과 같다. 주식을 20년 이상 하면서 많은 주식투자 서적을 읽었고 여
러 주식투자자들과 만나 이야기를 나눴다. 그 과정에서 알게 된 것
중 하나는 투자자들이 종목선정을 함에 있어서 가치 분석(재무제표),
가격 분석(차트), 정보 분석(재료)을 가장 많이 연구한다는 것을 알

았다.

물론 나도 그랬다. 처음 주식투자를 했던 시기에 상한가 따라잡기를 공격적으로 하면서 어떤 재료가 나왔을 때 종목들이 크게 반응하는지를 집중적으로 연구하며 정보 분석에 치중했다. 그러면서 단기매매는 목표수익률이 낮으므로 매도 타이밍을 보다 잘 잡아야 한다는 생각에 차트 공부를 열심히 했다. 돈을 크게 번 이후에 점점 중장기투자 포트폴리오 비중이 높아지면서 당연히 가치 분석에 치중하게 되었다.

이 세 가지 분석을 모두 할 수 있는 투자자가 우리나라에 정말 극소수밖에 없다는 것을 안다. 왜냐면 그도 그럴 것이 대학교에서 경영, 경제를 전공하였거나 회계사, 세무사 자격증을 취득할 정도의 수준이 아니라면 재무제표를 분석하거나 거시경제의 흐름을 읽어내기 위해서 경제학원론, 회계학원론 수준의 교재는 읽어야 한다.

독학으로 해내기는 만만치 않다. 또한 정보 분석은 매일 굉장히 많은 정보를 읽고 해석해야 하는데 전업투자자가 아니라면 이렇게 많은 시간을 투자해서 정보 분석의 경험을 매일 쌓아나가는 것은 힘든 일이다. 차트 분석도 기본적인 봉차트와 이동평균선에서부터 일목균형표나 볼린저밴드 등 고급차트까지 읽어내기 위한 공부를 해볼라치면 시작부터 높은 난이도를 마주치고 난감한 생각부터 든다.

그래도 나는 경영, 경제학을 공부하고 세무사 자격증을 취득하고 세무법인 대표 경험이 있으니 가치 분석을 잘 할 수 있는 지식과 경험이 있다고 자부한다. 20년 전 처음 주식투자를 시작할 때만해도 서점에 가면 주식투자 서적 코너에 차트 관련 책이 가장 많았던 시절인지라 초보자 시절 굉장히 다양한 차트 책을 읽었다.

지금도 종목선정을 할 때 반드시 차트를 확인한다. 또한 상한가 30% 시대 이전에는 하루에 20~30개 정도 상한가가 나왔는데, 주식투자를 시작한 날부터 지금까지 상한가 전 종목의 재료를 분석했다. 현재는 상한가가 적게 나오기 때문에 상승률 30위 이상 종목들의 재료를 분석하며 시장에서 어떤 정보가 호재로서의 역할을 하고 있는지 매일 실전 경험을 쌓아가고 있다.

가치투자 공부가 베이스가 된 투자자들 중에는 차트 분석을 무시하는 경우도 있고, 차티스트들 중에는 가치 분석을 무시하는 경우도 있다. 굳이 왜 그러는지 모르겠다.

내가 분석할 수 있는 지식과 경험이 있는 모든 무기를 다 꺼내 와서 종목선정을 하면 더 수익이 나는 것은 명확한데 자신이 모른다고 무의미한 분석법이라고 하는 것은 굉장히 겸손하지 못한 태도며 꽉 막힌 투자철학이라 할 수 있다.

수요공급의 법칙이라는 관점에서 보면 삼박자 투자법의 유용성은 더욱 명확해진다. 주식투자에서 돈을 버는 방법은 '내가 산 가격보다 더 비싸게 사는 바보'를 찾는 것이다. 즉 주가가 올라가는 종목을 찾아야 한다.

주가는 무엇인가? '주식의 가격'이다. 경제학에서는 가격은 시장에서 수요공급의 법칙에 따라 결정된다고 한다. 마찬가지로 주가는 주식시장에서 수요공급의 법칙에 의해 결정된다. 많은 매수 주문이 있지만 매도 주문은 없을 때, 종목의 주가는 올라간다. 어떤 종목에 매수 주문을 넣는지 어떤 종목을 매도하지 않고 보유하려 하는지를 파악하면 주가가 올라가는 종목을 찾을 수 있다.

가치투자자들은 가치를 분석하면서 저평가 우량주 또는 성장주에 매수 주문을 넣는다. 차티스트들은 상승 확률이 높은 차트를 찾아 매수 주문을 넣는다. 정보 분석가들은 호재가 나왔는데 아직 주가에 반영이 덜 되어 있거나, 앞으로 호재가 나올 종목을 찾아 매수 주문을 넣는다. 그렇다. 재무제표, 차트, 재료를 모두 보는 이유는 수요공급의 법칙상 매수 주문이 많이 나와서 주가가 올라가는 종목을 찾기 위함이다. 주식투자의 목적은 앞으로 주가가 오를 종목을 사서 돈을 버는 데 있다.

정보 분석

주식투자자들 중 절반 정도는 타의에 의해 계좌를 만들었다고 해도 과언이 아니다. 친구나 직장동료와 이런 대화를 하는 것이 주식투자의 시작점이었던 분들이 생각보다 매우 많다.

"너 주식계좌 없어? 이거 대박 종목인데 안타깝다."
"어 그래? 그럼 계좌 만들게."

보통 위의 대화처럼 누군가의 종목 추천으로 주식투자를 시작한다. 처음에는 만 원에서 만오천 원까지 올라 천만 원을 넣어둔 계좌 금액이 천오백만 원이 되지만, 이윽고 칠천 원까지 떨어진다. 결국 주식은 본전 찾기라며 체념한다. 생각해보면 언제 사야할지도 몰랐기에 언제 팔아야할지 모르는 것은 당연한 일이고, 그 종목을 왜 사야하는지조차 몰랐던 것이 잘못된 첫 단추의 시작이었다.

물론 주식투자에 있어서 정보는 중요하다. 하지만 우리에게 노출되지 않은, 공개되지 않은 '찌라시'처럼 도는 정보가 아닌, 모두에게 공개된 증권사 리포트나 공시된 정보들이 훨씬 더 중요하다. 이러한 정보들은 누구나 볼 수 있지만 그 정보를 판단하고 분석하는 능력이 다 다르다. 따라서 남들보다 정보 분석을 잘할 수 있는 힘을 기르면 된다.

누구나 볼 수 있는 정보지만 실제 보는 투자자는 많지 않다. 1차 재료인 '전자공시시스템'의 공시들과 2차 재료인 '증권사 리포트', '경제 기사'등을 등한시하고 여러 플랫폼의 투자 고수를 자칭하는 사람들이 재가공을 거쳐 만든 재료를 찾아보는 사람들은 많지만 말이다.

어디서부터 어떻게 정보 분석을 해야 할지 막막하거나 증권사 리포트, 공시 , 뉴스 등 공개된 정보를 모두 볼 시간이 너무 부족하다는 투자자가 있다면 상승 종목의 재료를 매일 찾아 볼 것을 추천한다.

앞에서도 언급했지만 나는 과거에는 상한가 전 종목들 그리고 상한가 30% 시대에서는 상승률 30위 종목들을 분석한다. 일간 단위의 상승률 상위만 분석하는 것이 아니라 주간 상승률, 월간 상승률, 분기 상승률, 반기 상승률, 연간 상승률 단위로 매번 분석한다.

그렇게 1년 정도 하다보면 시장에서 재료의 흐름을 알 수 있다. 이런 식으로 주가가 오른 종목을 공부하면서 어떤 정보가 주가를 얼마나 오르게 하는지 데이터화하고 노하우를 쌓아간다면 이후에는 어떤 정보를 접했을 때 그 정보가 주가에 어떤 영향을 줄지 쉽게 파악할 수 있다.

가격 분석

가격을 분석할 때는 차트 분석을 통해 추세와 변곡점을 찾기 위해 노력해야 한다. 사실 차트 공부를 조금만 하면 상승추세와 하락추세 그리고 비추세로 나누어 종목들을 구분할 수 있지만, 변곡점은 그렇지 않다. 단언컨대 변곡점을 찾아내는 비법은 이 세상에 없다. 마치 기업가치 평가를 한 줄의 공식으로 해낼 수 있는 마법의 가치평가 공식이 없는 것처럼 말이다.

변곡점을 찾아내는 절대적인 방법은 없지만, 봉의 형태나 이평선의 형태를 통해서 하락변곡점과 상승변곡점을 찾아내려는 공부를 하고 예상을 하는 이유는 50%에서 +a%의 확률을 위해서라는 것을 명심하기 바란다.

변곡점을 찾는 게 어렵다는 것을 인정할수록 상승추세에서 수익을 내야 한다는 것을 보다 빠르게 이해할 수 있다. 상승변곡점을 찾는

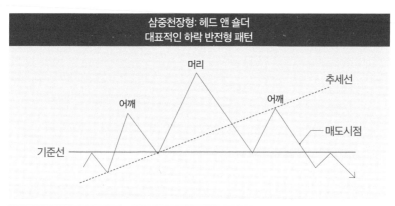

삼중천장형: 헤드 앤 숄더
대표적인 하락 반전형 패턴

머리

어깨

어깨

추세선

매도시점

기준선

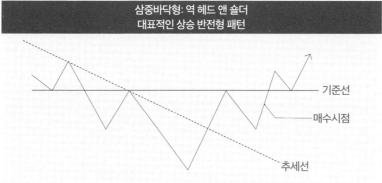

삼중바닥형: 역 헤드 앤 숄더
대표적인 상승 반전형 패턴

기준선

매수시점

추세선

게 어렵기 때문에 하락추세의 종목에 접근을 한다면 지속적인 추가 하락에서 큰 손실이 날수 있기 때문이다. 따라서 하락추세의 종목은 대바닥이 지나고 난후에 매수를 고려하면 된다.

'역 헤드 앤 숄더 패턴' 그림을 보자. 왼쪽 무릎에서 미리 매수하는 것이 아니고 바닥을 지나 오른쪽 무릎에서 매수하라는 뜻이다. 반대로 하락변곡점을 찾는 것이 어렵기 때문에 상승추세의 종목에 접근을 한다면 상승추세를 충분히 즐겨야 하고, 대천장을 미리 알 수는 없지만 대천장이 지나고 난 후에 매도를 고려하면 된다.

'헤드 앤 숄더 패턴' 그림을 보자. 왼쪽 어깨에서 미리 매도하는 것이 아니고, 머리를 지나 오른쪽 어깨에서 매도하라는 말이다. '무릎에서 사서 어깨에서 팔라'는 격언은 바닥 찍고 올라가는 오른쪽 무릎에서 사서 천정 찍고 내려가는 오른쪽 어깨에서 팔라는 의미라는 것을 이해하고 실천해야 한다.

그렇다면 차트 공부는 어떻게 하는 것이 좋을까? 내가 처음에 했던 방법은 그림 공부 하듯이 전체 차트 화면을 감상하는 것이었다. 하나하나의 수치에 중요도를 두지 않고 일봉 차트에서 이동평균선의 배열, 이격, 전고점, 양선과 음선의 개수 등 전체적인 그림을 보면서 좋은 차트와 안 좋은 차트를 주관적으로 구분하는 연습을 했다. 차트 공부가 처음이라면 이 방법을 추천하고 싶다.

기본적으로 거의 모든 HTS에 있는 기능인 자동 돌려보기를 활용하면 좋다. 한 종목 당 3초 정도의 시간이 걸리기 때문에 전체 종목, 약 2,000 종목을 본다면 6,000초, 100분 정도 걸리는 셈이다. 100분이면 영화 한 편을 보는 시간이다. 120분짜리 영화도 있으니 어쩌면 영화 한 편을 보는 것보다 더 금방 끝난다. 영화 한 편을 보면 감동을 얻을 수 있지만 주식 차트를 보면 수익을 얻을 수 있다. 그러나 애석하게도 많은 이들이 차트보다 영화 한 편을 선택한다.

이유는 두 가지가 있다. 차트보다 영화가 훨씬 재미있다는 것 그리고 영화를 보면 감동이나 재미를 확실히 느낄 수 있지만 차트를 본다고 수익을 낼 수 있을까라는 의문을 갖기 때문이다.

일단 시작해보자. 해보고 자신한테 맞지 않는 분석법이면 그만두면 된다. 우리는 살면서 시도를 해서 하는 후회보다 시도를 안 해서 하는 후회가 훨씬 더 많다는 것을 알아야만 한다.

가치 분석

삼박자 투자법의 세 가지 분석 중에서 가장 중요한 것이 바로 이 가치 분석이다. 조금 더 극단적으로 표현하자면 정보 분석과 차트 분석을 잘해서 좋은 종목을 선정했을지라도 기본적인 가치 분석이 되지 않았다면 치명적인 투자 실패로 이어질 수 있다. 왜냐하면 내가 산 종목이 부실한 종목일 경우 유상증자나 무상감자, 나아가서 관리 종목이나 상장폐지가 될 수 있기 때문이다.

이 경우 포트폴리오 종목 숫자가 적은 집중 투자의 경우에는 그 피해를 복구하는데 굉장히 긴 시간이 걸릴 수도 있고 한 종목 투자의 경우에는 바로 시장에서 퇴출될 수도 있다.

그렇다면 우리는 가치 분석으로 부실한 종목만 걸러내면 되는 것일까? 그렇지 않다. 업종 대비 또는 시가총액 대비 우량한 종목을 찾아내야 한다. 가치가 좋은 종목을 선정하기 위해서는 양적 분석과 질적 분석이 모두 필요하다. 양적 분석은 재무제표에서 중요 계정과목의 숫자를 분석하는 것이다. 기업가치를 분석하는 중요 재무제표는 재무상태표, 손익계산서, 현금흐름표가 있다. 이러한 재무제표를 이용하여 기업의 성장성, 이익성, 안정성을 검토해야 한다.

성장성을 확인할 수 있는 지표로는 매출액 증가율이나 영업이익 증가율이 있다. 성장성을 분석할 때는 단기간에 큰 성장세를 보인 종목보다 장기간에 걸쳐 꾸준히 성장한 종목이 더 좋다. 그 이유는 성장의 기간이 길수록 앞으로 성장을 지속할 확률이 더 높기 때문이다. 이익성을 확인할 수 있는 지표로는 영업이익률이나 당기순이익률이 있다. 쉽게 말해서 얼마의 매출액이 나왔을 때 얼마나 남느냐를 가르쳐주는 지표로 기업의 존재 이유가 '이익추구'라는 측면에서 본다면 이익성은 높을수록 좋다.

비경상적이거나 비정기적인 손익이 다 반영된 당기순이익률보다 영업이익률이 더 중요하다. 영업이익률이 20%가 넘으면 조금 더 종목을 자세히 보고, 30%가 넘으면 집중 분석, 50%가 넘으면 매수가능 종목을 분석하는 수준으로 체크해볼 필요가 있다. 안정성을 확인할 수 있는 지표로는 부채비율 등이 있다. 성장성, 이익성과는 달리 재무상태표 계정과목의 수치로 확인할 수 있으며 과거에는 200%가 넘는 부채비율을 가진 기업도 많았다. 하지만 최근에는 100%를 기준점에 두고 100%가 넘는 부채비율이라면 조금 자세히 그 이유를 살펴보는 것이 좋다.

성장성, 이익성, 안정성에 더해 시장지표를 반드시 확인하자. 성장성, 이익성, 안정성 지표는 재무제표 계정과목의 숫자로 계산되었지, 시장지표인 PER, PBR등은 주가와 함께 계산되기 때문에 이익 대비 또는 자산 대비 주가가 높게 형성되어 있는지, 낮게 형성되어 있는지 확인할 수 있는 지표다. 다만 단순히 시장지표는 낮은 것이 좋다는 고정관념은 버려야 한다. 저PER주는 고PER주에 비해서 이익 대비 주가는 낮은 수준이라는 뜻이지만, 주가에 영향을 미치는 수많은 변수 중에 이익만 반영된 지표라는 점에서 그 한계가 있다.

정보 분석은 상승종목의 재료를 공부하는 방법과 가격 분석은 차트의 자동 돌려보기 기능을 이용하는 방법을 TIP으로 제시했다면 가치 분석의 시간을 줄이는 가장 좋은 방법은 조건 검색 기능을 이용한 종목 스크리닝이다. 2000 종목이 넘는 종목을 개별적으로 하나 하나 분석하기에 시간이 절대 부족하므로 조건 검색에서 자신에 맞는 취향대로 조건들을 채워나가면 최종적으로 내 입맛에 맞는 우량주 리스트가 정리될 것이다. 이러한 조건 검색을 실행할 수 있는 전제조건은 다양한 지표들에 대한 완벽한 이해다.

위에서 설명한 것처럼 삼박자 투자법으로 종목을 분석하면 가장 완벽한 분석이 되겠지만, 굉장히 높은 지식 수준과 오랜 경험이 요구되고 분석 시간도 굉장히 오래 걸린다. 때문에 매우 어려운 분석법이라 할 수 있다. 다음 장에서는 주식투자자들이 가장 원하는 '쉽고 큰 돈 버는 투자법'인 성장주 투자에 대해서 설명해보기로 한다.

6

가치주보다는 성장주

시간은 성장주의 편이다.
시간이 흘러갈수록 성장은 지속되고 성장주의 주가는 오를 것이기 때문이다.
성장주 투자는 엉덩이가 무거운 투자자에게 절대적으로 유리한 주식이다.

가치주와 성장주는 무엇이 다를까

가치주 VS 성장주의 논쟁은 굉장히 오래된 해묵은 논쟁이지만 아직도 가치주와 성장주를 명확하게 이해하고 구분하는 투자자는 많지 않다. 그 이유는 주식투자가 학문으로 정립되어 있지 않아서 용어를 쓰는 사람마다 다 다르기 때문이다. 이 책을 통해서 설명하는 가치주와 성장주도 나의 주관적인 견해가 들어 있음을 이해하자.

먼저 통상적인 가치주와 성장주의 구분은 이렇다. 가치주는 기업의 현재가치보다 낮은 가격에 거래되는 주식을 말한다. 반면 성장주는 현재의 기업가치보다 미래의 기업가치가 더 커지리라고 예상되는 주식을 말한다. 쉬운 이해를 위해 숫자로 설명을 하면 가치주는 현재가치가 한 주당 10,000원인데, 시장에서 8,000원에 거래되는 주식이다. 반면 성장주는 앞으로 성장할 가능성이 큰 기업으로 현재의 기업가치가 주당 10,000원이면, 1년 후 미래의 기업가치는 주당 12,000원으로 증가할 가능성이 높은 주식이다.

이론적으로는 시장지표인 PER의 수치를 비교해 볼 때 가치주보다 성장주의 PER이 당연히 높다. PER의 계산 산식에서 주가는 분자에 있는데, 가치주의 주가는 현재가치보다 낮고 성장주의 주가는 현재가치보다 높을 확률이 크기 때문이다.

그렇다면 PER의 수치만 보았을 때 저PER인 가치주를 사는 것이 고PER인 성장주를 사는 것보다 안전해 보인다. 하지만 반드시 그런 것만은 아니다. 주가를 단순히 현재의 이익과 비교한 것이 PER인데, 주가에 영향을 미치는 변수에는 미래의 성장성을 포함하여 CEO 등에 대한 질적 분석까지 워낙 많기 때문이다. 따라서 저PER가 반드시 좋은 것은 아니다.

가치주와 성장주는 좀 더 구체적으로 구분하면 네 가지로 나누어 볼 수 있다. 가치주는 보통 저평가가치주를 가리킨다. 저평가가치주의 반대개념으로 기업의 현재가치보다 높은 가격에 거래되는 종목을 고평가주라고 한다. 보통 말하는 거품주가 이에 속한다. 또한 성장주의 반대개념으로 성장이 멈추고 쇠퇴가 시작되어 현재의 기업가치보다 미래의 기업가치가 더 작아지리라고 예상되는 주식을 역성장주라고 할 수 있다.

주식은 성장가치주, 성장고평가주, 역성장가치주, 역성장고평가주 이렇게 4가지로 구분할 수 있다. 우리는 성장가치주를 무조건 당장 매수해야 하고 역성장고평가주를 당장 매도해야 한다. 그렇다면 성장고평가주나 역성장가치주는 어떨까? 또는 둘 중에 무엇이 더 좋은 주식일까? 성장고평가주는 성장의 시간이 계속될수록 고평가가 저평가의 영역으로 진입할 가능성이 높다. 반면 역성장가치주는 역성장의 시간이 계속될수록 저평가가 고평가의 영역으로 진입할 가능성이 높다.

시간은 성장주의 편이다. 시간이 흘러갈수록 성장은 지속되고 성장주의 주가는 오를 것이기 때문이다. 따라서 위의 4가지의 분류의 우선순위를 매겨보면 '성장가치주→성장고평가주→역성장가치주→역성장고평가주' 순이다. 이것이 우리가 가치주보다 성장주에 투자해야 하는 이유다. 성장주 투자는 엉덩이가 무거운 투자자에게 절대적으로 유리한 주식이다.

여기서 추가로 강조할 부분이 있다. 가치주는 가치투자자의 영역이고 성장주는 가치주의 반대개념이라고 생각하는 투자자들이 많은데, 절대 그렇지 않다. 가치주와 성장주 모두 가치투자 영역이다. 가치투자의 시작은 양적 분석의 가치투자였지만 그 이후에 질적 분석의 가치투자로 발전했다. 질적 분석에서 가장 중요한 부분이 미래의 성장성(신성장동력, 신기술, 신제품)이기 때문이다. 필립 피셔나 윌리엄 오닐의 경우 성장주 투자자로 잘 알려져 있는데 우리는 이들을 가치투자자로 부른다는 것을 기억하면 된다.

가치주와 성장주에도 단점이 있다

가치주와 성장주의 단점에 대해서 생각해보면 다음과 같다. 가치주는 현재가치를 정확히 평가해야 현재가치보다 시장가격이 낮게 형성되어 있는지 비교가 가능하다. 그런데 기업의 현재가치를 정확히 평가하는 것이 가능한지에 대한 문제점이 있다.

세상에는 기업가치를 평가하는 다양한 방법이 존재한다. 그 다양한 방법으로 수많은 투자자들이 기업가치를 평가하려는 노력을 기울이고 있다. 삼성전자의 기업가치는 객관적이고 절대적으로 평가될 수 있을까? 없다. 각기 다른 방법으로 각기 다른 투자자가 평가하는 삼성전자의 기업가치가 같을 리가 없다. 과연 삼성전자의 기업가치는 300조 원일까? 400조 원일까? 500조 원일까? 누구도 정확한 삼성전자의 기업가치를 제시할 수 없다.

현재의 기업가치가 주관적이라면 시장에서 인정한 시가총액과 비교하는 것이 의미가 있을 수 없다. 즉 가치주 투자에서 성공하기 위해서는 그 기업의 기업가치를 절대적으로 파악해야 하는데, 그런 방법은 세상에서 존재하지 않는다. 모든 가치평가 방법은 상대적일 뿐이다. 절대적인 가치평가 방법은 신기루일 뿐이다. 이것이 가치주 투자의 문제점이다.

반면 성장주의 단점은 성장이 영속적이지 않다는 것이다. 기업은 사람처럼 라이프 사이클이 존재한다. 태어나서 성장하고 죽는다. 제품 수명 주기처럼 기업 수명 주기도 도입기·성장기·성숙기·쇠퇴기를 거친다. 기업 성장이 언제 멈추며 성숙기로 진입하고 성숙기에서 쇠퇴기로 접어드는지 아무도 알 수가 없다. 왜냐면 미래의 일이기 때문이다. 점쟁이가 아니고서는 기업의 성장이 끝나는 지점을 아무도 알 수 없다. 그러나 점쟁이가 주식투자에서 성공했다는 소리는 들어본적이 없다. 이것이 성장주 투자의 문제점이다.

그렇다면 어느 문제점을 극복하기가 더 쉬울까. 성장주 투자의 문제점을 극복하기가 더 쉽다. 성장이 멈추는 지점을 예측이 아닌 대응의 영역으로 찾아내면 되기 때문이다. 현재 성장이 예상되는 성장주에 투자하고 성장이 멈추는 지점을 지나고 나서 매도 결정을 내리면 된다. 성장주 투자의 핵심은 성장이 예상되는 종목을 선정하는 것과 투자한 성장주의 성장이 멈추는 지점을 찾아내는 것이다.

성장이 예상되는 성장주를 찾는 방법은 과거부터 현재까지 성장을 한 종목을 성장주로 간주하면 된다. 과거 20년 동안 성장한 삼성전자에 대해서 현재 시점에 그 누구도 성장주가 아니라고 부인을 못하기 때문에 삼성전자는 성장주로 간주될 수 있다. 그 성장이 언제 멈출지는 아무도 모르지만 말이다.

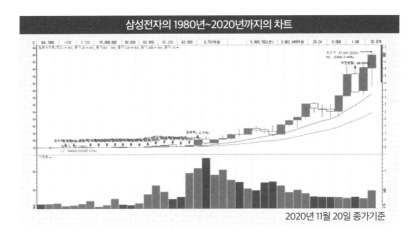

삼성전자의 1980년~2020년까지의 차트

2020년 11월 20일 종가기준

BUY&HOLD는 무조건 성장주만 가능하다

성장주 투자의 장점을 좀 더 살펴보자. 성장주 투자는 가치주 투자에 비해 보다 주식투자의 본질에 더욱 가깝다. 주식투자의 본질은 무엇인가? 기업에 동업자의 마음으로 투자해서 장기간의 가치증분을 통한 투자수익을 얻고자 하는 것이다. 그렇다면 가치주와 성장주 중에 어느 쪽이 더 장기투자에 적합할까? 단언컨대 성장주다.

가치주는 현재 기업가치보다 낮은 시장가격에 거래되는 주식이다. 가치주는 매수한 후에 낮은 시장가격이 기업가치와 같아지는 시점에서 팔아야 한다. 가치와 가격이 일시적으로 편차가 벌어지더라도 같아지거나 적어도 매우 가까워져야 한다는 가정이 성립한다면 낮게 거래되는 시장가격은 곧 적정한 기업가치와 동일한 수준으로 올라올 것이다. 그리고 이때가 바로 매도 타이밍이 된다.

그렇다면 가치주의 경우 상식적으로 얼마나 싸게 거래될 것인가에 대한 의문이 남는다. 1주당 적정가치가 1만 원이 기업이 있다고 가정하자. 그 기업의 주당 가격이 1천 원일 수 있을까? 절대 없다고 본다. 그런 일이 발생했다면 기업가치와 시장가격은 연관성이 전혀 없거나 또는 시장에 참여하고 있는 전문 투자자들의 가치평가 실력은 원숭이보다 못한 것이 되는 것이다. 가치와 가격이 일시적으로 불일치하는 범위의 상식적인 수준은 크게 잡아 30% 내외가 아닐까?

주당 적정가치 1만 원인 주식의 시장가격은 낮게 형성돼봐야 7천~8천 원 정도이다. 이 경우 가치주 투자를 했을 경우에 목표수익률은 30%선에서 결정된다. 아주 힘들게 가치평가를 해서 현재 시장에서 8천 원에 거래되고 있는 주식의 적정가치가 1만 원이라는 것을 확인하고 8천 원에 매수를 한다면 25%의 수익이 나는 1만 원에서 매도를 결정해야 한다.

여기에는 두 가지 문제점이 있다. 첫째, 하루 상한가 30% 시대이므로 매수한 후 하루만에도 적정가치에 도달할 수 있다. 따라서 단기매매의 영역일수도 있다는 점이다. 둘째, 피터 린치의 말을 빌리지 않더라도, 주식투자는 포트폴리오에서 텐 배거는 아니더라도 수 배 이상의 상승종목이 나와야 포트폴리오의 수익률이 좋아진다. 가치주에서는 결코 100%이상의 상승률이 나올 수 없다는 것이다.

위에서도 말했지만 적정가치가 1만 원인데, 시장가격이 5천 원이라면 시장 참여자들의 잘못이라기보다는 적정가치를 1만 원에 평가한 평가자 1인의 잘못일 확률이 99.9%이기 때문이다. 이런 이유로 가치주는 바이 앤 홀드BUY&HOLD가 아닌 바이 앤 셀BUY&SELL 전략만 있을 뿐이다.

반면 성장주는 어떨까? 성장주는 성장성을 예상하고 그 기업의 가치가 계속 증가하리라 믿고 투자를 하는 것이다. 성장주는 기본 가정상 투자에 성공하면 성장이 수년 또는 수십 년 동안 성장이 멈추지 않고 가치가 증가하고 그에 따라 가격이 상승하는 주식이므로 바이앤 홀드 전략이 가능하다.

물론 위에서 언급한대로 성장주 투자의 실패가 나올 수 있다. 성장이 멈추는 것이 확인되면 성장주 투자는 실패로 끝나고 매도 결정을 내리면 된다. 물론 매도 가격이 매수 가격보다 위에 있어서 성장은 끝났지만 투자에는 성공하는 경우가 발생하는 것은 성장주 투자의 또 하나의 장점이다.

정리하면 가치주는 바이 앤 셀 전략만이 가능하며 그 기대수익률도 매우 낮다. 목표가가 적정가치인데 시장가격은 적정가치와 큰 편차를 가질 수 없기 때문이다. 반면 성장주는 계속 성장하는 기간 동안 바이 앤 홀드 전략을 구사하고, 성장이 멈추었을 때 바이 앤 셀 전략을 구사한다. 이 경우에도 이익이 발생할 수 있다. 그렇다면 당신은 성장주 투자를 할 것인가? 가치주 투자를 할 것인가?

지금은 성장주의 시대다

가치주 VS 성장주의 논쟁은 왜 계속될까? 장기적으로는 성장주 투자가 가치주 투자에 비해 확실히 우위를 보이는 전략임에는 분명하지만, 단기적으로는 가치주 투자가 유리해 보일 수도 있기 때문이다.

시장 상황에 따라 구분해보면 이해가 조금 더 쉬울 것이다. 상승장과 하락장으로 구분했을 때, 상승장에서는 성장주가 하락장에서는 가치주가 더 유리하다. 그 이유는 상승장에서보다 하락장에서 기업가치 대비 시장가격이 낮게 형성되어 있을 가능성이 높기 때문이다. 또한 하락장은 결국 경기가 쇠퇴 국면이란 뜻이므로 기업의 성장이 정체되거나 역성장에 진입할 가능성이 높기 때문이다.

금리로 설명할 수도 있다. 금리가 낮은 시기일수록 성장주가 더 유리하다. 그 이유는 미래 현금흐름을 현재가치로 평가하는 경우 분모에 할인율로 금리를 사용하는데, 금리가 낮을수록 미래의 현금흐름이 큰 할인 없이 현재가치로 평가되기 때문에 성장주가 보다 높게 평가될 수 있다.

마지막으로 기술혁신으로 설명할 수도 있다. 기술혁신의 시기에는 성장주 투자가 가치주 투자에 비해서 보다 유리하다. 기술혁신과 관련된 산업에 포함된 기업들은 현재의 이익보다 미래의 예상이익이 훨씬 크기 때문이다. 현재가치가 중요한 가치주 투자보다 미래가치가 중요한 성장주 투자가 기술혁신의 시기에 더 유리한 것은 당연한 이야기다.

　종합적으로 살펴볼 때 지금은 성장주에 유리한 시기다. 첫째, 미국을 비롯한 세계 증시가 신고가를 경신하는 상승장이다. 둘째, 코로나로 인한 제로금리의 시대다. 셋째, 4차 산업혁명이 계속되는 기술혁신의 시대다.

　주식투자의 큰 성공은 상승장에서 주도주 투자에서 나오는 것이며, 성장주 투자가 매우 유리한 시기에 성장주에 대한 공부를 열심히 하고 그중에서 주도주를 찾아 투자하는 것이 위에서 말한 '쉽게 큰돈을 벌기 위해' 주식투자를 하는 이유에 가장 적합한 투자전략이라고 말하고 싶다. '어렵게 작은 돈을 벌기 위해' 주식투자를 한다면 어쩔 수 없지만 말이다.

7
성장주를 찾아라

야구 한 게임 보는 시간을 투자하여
전 종목의 차트를 살펴보며 성장주 종목선정이 가능하다면
한 번 해 볼만 하지 않은가?

삼박자 투자법으로 성장주 찾기

성장주 투자의 장점을 확실히 이해했으면 이제 성장주를 찾아야
한다. 성장주는 어떻게 찾을 수 있을까? 내가 만든 삼박자 투자법에
따라 가치, 정보, 가격으로 성장주를 찾는 방법을 설명해보겠다.

정보로 접근해서 성장주를 찾는 방법은 증권사 리포트나 경제 관
련기사를 열심히 보는 것이다. 특히 증권사 리포트에서 성장산업에

대한 분석과 함께 업종 내 톱픽 종목이 제시되어 있는 글을 본다면 꼼꼼히 체크해놓아야 한다. 그리고 미국 증시 동향도 매일 살펴보는 것이 좋다. 이를테면 '테슬라'의 성장성을 이해했다면 '2차전지 산업'에 해당되는 종목들에서 큰 수익을 얻을 수 있는 기회를 잡을 수 있었을 것이다.

가치로 접근해서 성장주를 찾는 방법은 수년간의 재무제표를 분석하는 것이다. 원 데이터를 중요하게 생각하는 투자자는 '전자공시시스템'에 들어가서 매년의 손익계산서를 보면서 매출액, 영업이익, 당기순이익이 계속 증가했는지를 체크해야 한다.

하지만 이는 굉장한 시간적 노력이 필요하다. 특히 관심종목 몇 종목만 확인하는 것은 괜찮지만, 거래소, 코스닥의 2천 종목이 넘는 전 종목을 모두 확인하는 것은 물리적으로 불가능에 가깝다. 하루에 10종목씩 매일 본다 해도 200일 이상이 걸리기 때문이다.

그래서 보다 더 빠르게 확인할 수 있는 방법으로는 증권사 HTS 프로그램에서 조건 검색 기능을 이용하거나, 기업신용정보 제공 회사에서 연간 재무제표의 성장률을 확인하는 방법이다.

가격으로 접근해서 성장주를 찾는 방법은 차트를 보는 것이다. 월봉 차트로 10년 정도의 주가 움직임을 확인하며 성장주를 찾을 수 있다. 이 방법의 가장 큰 장점은 삼박자 분석 중 가장 빠르게 성장주를 찾을 수 있다는 것이다.

HTS를 켜고 차트 화면에서 자동 돌려보기 기능을 이용하여 전 종목의 차트를 보는 데 시간은 한 나절이면 충분하다. 야구 한 게임 보는 시간을 투자하여 전 종목의 차트를 살펴보며 성장주 종목선정이 가능하다면 한 번 해볼만 하지 않은가?

가치와 가격의 관계를 이해하라

그렇다면 세 가지 방법 중 가장 편한 방법인 차트의 가격 분석에서 성장주를 찾는 방법의 논리적 타당성을 이해하고 믿음을 가질 수 있다면 성장주 찾기는 더 이상 어려운 일이 아니다.

앞에서 설명한 바와 같이 가치주 투자와 성장주 투자는 모두 가치 투자의 범주에 속한다. 가치투자가 주식투자 세계에서 가장 오랫동안 인정받을 수 있었던 이유는 가치와 가격이 하나라는 가정에서 시작된다.

우리는 매일 변동하는 가격을 예상할 수는 없지만, 기업가치를 분석하여 가치와 가격을 비교해서 저평가 종목을 찾아낼 수 있다는 믿음은 일시적으로 가치와 가격은 일치하지 않을 수 있지만 중장기적으로는 일치한다는 가정이 전제조건인 셈이다.

유럽의 전설적인 투자가인 앙드레 코스톨라니는 기업가치와 시장 가격을 '강아지와 주인'의 관계로 비유를 했다. 주인이 강아지를 산책시킬 때 강아지는 주인의 앞에 가기도 하고 뒤에서 따라 오기도 하고 바로 옆에서 붙어서 가기도 한다.

주인과 강아지의 거리는 산책하는 내내 가까워지기도 하고 멀어지기도 하지만, 산책을 마친 주인과 강아지는 함께 집으로 들어간다. 기업가치와 시장가격도 그런 관계다. 시장가격이 기업가치보다 높을 때도 있고, 낮을 때도 있지만, 결국 한 방향, 같은 금액으로 움직여나간다는 이론이다.

그렇다. 가격과 가치는 한 방향으로, 같은 금액으로 움직여나가야만 한다. 그렇다면 가치를 분석하는 것과 가격을 분석하는 것은 같은 의미를 가진다. 특히 과거의 가치와 과거의 가격을 분석하는 것은 더욱 그러하다. 성장주 정의는 앞으로 계속 성장이 예상되는 주식인데, 미래의 성장에 대한 예상은 점쟁이만 가능하므로 과거부터 현재까지의 성장이 중요한 것인데, 과거부터 현재까지의 재무제표상의 성장을 분석하는 것과 주가의 상승을 분석 하는 것은 동일한 종류의 분석이다.

좀 더 정확히 표현하면 가격의 분석이 더 의미 있는 일이다. 가치 분석에 양적 분석과 질적 분석이 있고, 재무제표 분석은 양적 분석만 가능한 반쪽 분석이라는 측면에서 질적 분석까지 해야 성장주에 대한 가치 분석이 완벽해지는데 현실적으로 불가능하다. 반면 주가에 양적가치에 더해 질적가치가 더해져 있다면 주가를 분석하는 것이 재무제표를 분석하는 것보다 성장주를 찾는 데 훨씬 정확한 방법이라 할 수 있다.

성장주 차트의 조건

그렇다면 성장주는 차트에서 어떤 특징들이 있을까? 바로 주가가 일정기간 이상 우상향한 차트이다. 5년 전보다 3년 전의 주가가 높고 1년 전의 주가보다 오늘의 주가가 더 높다면 그 기업은 계속 성장하고 있는 것이다. 마치 키가 멈추기 전까지 매년 계속 성장하는 것처럼 말이다. 우상향으로 주가가 상승하는 차트들을 조금 더 구체적으로 조건을 제시한다면 아래와 같다.

① 역사적 신고가 경신일부터 1년이 안 지난 종목
② 역사적 신고가 대비 20% 이상 조정을 받지 않은 종목
③ 52주 신고가를 경신하고 상승하는 종목
④ 월봉상 20월선을 지키고 있는 종목
⑤ 일봉상 정배열 종목

일단 우상향 성장주들은 신고가 종목이어야 한다. 신고가는 기간에 따라 달리 불리는데, 상장 이후 최고가를 뜻하는 역사적 신고가를 경신하는 종목일수록 성장주일 확률이 높다. 다만, 역사적 신고가를 매일 경신할 수는 없으므로 갱신일로부터 조정기간과 조정폭을 정해줘야 한다.

개인적으로는 신고가 경신일로부터 1년 정도의 기간 조정과, 20% 정도의 가격조정은 성장이 멈추었다고 보지 않는다. 물론 때에 따라

서는 기간조정을 6개월로 짧게 잡기도 하고, 가격조정을 30%까지 폭넓게 인정하기도 한다. 이것은 불변진리의 공식이 아니고 대응 영역이기 때문이다.

역사적 신고가로 계속 성장을 거듭하면 좋겠지만 많은 종목은 성장이 멈추고 역성장을 하다가 다시 재성장기에 진입하는 경우가 있다. 이 경우 52주 신고가 종목을 살펴보면 된다. 52주 신고가 종목 중에 강한 반등으로 역사적 신고가를 향하여 상승하는 종목은 성장주의 반열에 올려놔도 괜찮다.

이평선의 위치는 당연히 정배열이어야 한다. 일간 이동평균선 기준으로 완전정배열이면 최고이지만 단기이평선은 잠깐 붕괴되는 경우도 있다. 월간 이동평균선 기준으로는 52주 신고가의 경우 완전정배열을 이루지는 못하지만 20월선을 지켜준다면 성장의 힘이 있다고 볼 수 있다. 다시 한 번 강조하지만 위 조건은 내가 그동안 조금씩 수정해온 나만의 조건이다. 투자자에 따라서 신고가 갱신 이후의 조정기간이나 조정폭 또는 이평선의 배열 등을 수정해나가면 자신만의 성장주 찾기 조건이 만들어질 것이다.

성장주 종목선정의 실제 사례

KOSPI 성장주 73종목 코스피 시총 1조 원 이상 40종목+시총 2천억 원 이상 33종목						
화학	제약바이오	IT/반도체	2차전지	금융	음식료	조선
롯데케미칼	녹십자	삼성전자	삼성SDI	미래에셋대우	CJ제일제당	세진중공업
대한유화	녹십자홀딩스	DB하이텍	SKC	유진투자증권	대상홀딩스	
KG케미칼	삼성바이오로직스	KEC	코스모신소재	키움증권	동서	가스
SK케미칼	유한양행	유니퀘스트		현대차증권		SK가스
금양	일양약품	자화전자	수소	에너지	유통	
금호석유	제일약품	케이씨	세종공업	E1	비티원	기계
롯데정밀화학	종근당		효성중공업	대성홀딩스	엔에스쇼핑	두산인프라코어
미원에스씨					이마트	
삼양패키징	인터넷서비스	전기전자	태양광	운송	화장품	광물
포스코케미칼	NAVER	LG전자	한화솔루션	HMM	LG생활건강	유니온머티리얼
한국카본	더존비즈온	삼성전기	신성이엔지	KSS해운		
한솔케미칼	카카오	현대일렉트릭	현대에너지솔루션	현대글로비스	게임	SI
휴비스					엔씨소프트	현대오토에버
휴켐스						
건설	건자재	자동차	풍력	지주사	생활소비재	대선관련주
동부건설	한샘	기아차	두산중공업	SK디스커버리	경동나비엔	삼부토건
자이에스앤디		현대차	씨에스윈드			

제약바이오		IT/반도체	2차전지	엔터미디어	핀테크
KOSDAQ 성장주 74종목					
코스닥 시총 1조 원 이상 18종목+시총 4천억 원 이상 29종목+시총 2천억 원 이상 27종목					
씨젠	박셀바이오	SK머티리얼즈	에코프로	JYP엔터	NHN한국사이버결제
알테오젠	셀리드	리노공업	엘앤에프	KMH	NICE평가정보
휴젤	싸이토젠	다윈시스	천보	지니뮤직	다날
삼천당제약	아이큐어	실리콘웍스	피엔티		웹케시
셀리버리	앤디포스	ISC	필옵틱스		이크레더블
오스코텍	에스티팜	심텍			한국기업평가
클래시스	엘앤씨바이오	엘오티베큠			한국정보인증
나이벡	올릭스	와이아이케이	**5지**	**게임**	**음식료**
녹십자엠에스	제놀루션	월덱스	서진시스템	웹젠	이지바이오
디엔에이링크	코아스템	유니셈	이노와이어리스	위메이드	
메드팩토	파마리서치프로젝트	유진테크		조이시티	
바디텍메드	피플바이오	이엔에프테크놀로지			
바이넥스		제우스	**풍력**	**광고**	**기계**
		코미코	씨에스베어링	에코마케팅	진성티이씨
IT서비스	**인터넷서비스**	티에스이			
케이아이엔엑스	다나와	파크시스템스			
포스코ICT	이지웰	프로텍	**지주사**	**유통**	**디스플레이**
		하나머티리얼즈	골프존뉴딘홀딩스	슈피겐코리아	인탑스

위의 자료는 〈슈퍼개미 이세무사TV〉 유튜브 채널에 매달 공개하는 성장주 리스트다. 위 11월 자료는 2020년 10월 말 작성했다. 차트 분석 대상종목은 거래소와 코스닥의 시가총액 2,000억 원 이상으로 한정했다. 2,000억 원 이상으로 한정한 이유는 두 가지가 있다.

첫째, 수년간 성장을 했다면 상장 이후 주가가 꽤 오른 상태여야 하므로 2,000억 미만의 종목 중에 성장주가 포함되어 있을 확률은 매우 낮다. 둘째, 시총 2,000억 미만의 종목들은 재무제표상 부실한 기업도 다수 포함되어 있기 때문이다. 하지만 공부시간이 많고 중소형주 공략을 즐겨하는 투자자라면 1,000억까지 대상을 확대할 수도 있다.

여기까지 성장주를 찾는 방법에 대해서 설명했다. 위에서 설명한 방법은 성장산업과 상관없이 오로지 차트 분석만으로 성장주를 찾는 것이다. 다음 장에서는 이 시대의 성장산업에 대해서 설명해보고자 한다.

성장산업에만 성장주가 포함되어 있는 것은 아니지만, 성장산업에 속하는 기업이 성장주일 확률은 훨씬 높기 때문이다. 차트에서 성장주를 찾고 성장산업에 속하면 가중치를 부여하는 투 트랙two-track 전략을 익히면 성장주 투자에서 성공할 확률이 훨씬 높아진다.

8

이 시대의 진정한 성장산업

시장에서 콘택트에 대한 관심이 낮아진 것은
코로나19가 아니라 4차 산업혁명 때문이었다는 점에서
혹자들이 기다리는 '콘택트 시대'는 영영 오지 않을 확률이 높다.

시가총액 비교법으로 본 성장산업

시가총액은 현재 거래되고 있는 주가에 발행주식 총수를 곱한 금액이다. 주가가 현재 거래되고 있는 1주의 가격이라면 시가 총액은 현재 기업이 거래된다고 가정했을 경우 그 기업의 가격을 말한다. 여기서 주의할 점은 시가총액은 기업의 가치가 아니라 기업의 가격이라는 것이다.

시가총액을 비교하는 방법에는 두 가지가 있다. 하나는 동종업종의 시가총액 상위 기업들을 줄을 세운 후에 기업가치와 기업가격을 비교하는 것이고 또 다른 하나의 방법은 시가총액 상위기업들의 순위 변동을 시대별로 비교하면서 현재의 주도산업이 무엇인지 파악하는 것이다.

아래의 표는 1997년, 2000년, 2005년, 2007년, 2011년, 2015년, 2016년, 2018년 말에 시가총액 10위까지의 종목들을 순서대로 기록한 표다. 이 표를 통해서 20년 이상의 기간 동안 우리나라 산업이 어떻게 변화했고 나아가 현재의 시가총액 10위 기업에서 앞으로 어떻게 변화하여 갈지를 설명해보겠다. 현재의 시가총액 TOP10 기업 표까지 총 9개의 표를 통해서 과거·현재·미래로 이어지는 대한민국 산업의 변화를 직시하기 바란다.

연도별 시가총액 상위기업			
1997년 시가총액		2000년 시가총액	
한국전력	9.9	삼성전자	23.9
포항제철	4.3	SK텔레콤	22.6
삼성전자	3.7	한국통신공사	20.9
SK텔레콤	2.8	한국전력	12.1
대우중공업	1.7	포항제철	7.4
현대전자	1.2	국민은행	4.5
데이콤	1.2	담배인삼공사	3.6
LG반도체	1.2	기아차	3.2
LG전자	1.1	주택은행	3.1
유공	1	현대차	2.8
2005년 시가총액		2007년 시가총액	
삼성전자	97.1	삼성전자	81.9
국민은행	25.7	POSCO	50.1

한국전력	24.2	현대중공업	33.6
현대차	21.3	한국전력	25.4
POSCO	17.6	국민은행	23.2
우리금융	16.2	신한지주	21.2
하이닉스	15.8	SK텔레콤	20.2
LG필립스LCD	15.4	LG필립스LCD	17.7
SK텔레콤	14.9	SK에너지	16.5
신한지주	14.7	현대차	15.7
2011년 시가총액		2015년 시가총액	
삼성전자	155.8	삼성전자	185.6
현대차	46.9	현대차	32.8
POSCO	33.1	한국전력	32.1
현대모비스	28.4	삼성물산	26.6
기아차	26.9	아모레퍼시픽	24.2
LG화학	21	현대모비스	24
현대중공업	19.5	SK하이닉스	22.4
신한지주	18.8	삼성생명	22
한국전력	16.4	LG화학	21.8
삼성생명	16.2	NAVER	21.7
2016년 시가총액		2018년 시가총액	
삼성전자	253.5	삼성전자	231.6
SK하이닉스	32.5	SK하이닉스	44
현대차	32.2	셀트리온	26.4
한국전력	28.3	현대차	26.3
현대모비스	25.7	LG화학	25.2
NAVER	25.5	삼성바이오로직스	23
삼성물산	23.8	SK텔레콤	22.3
삼성생명	22.5	POSCO	21.7
POSCO	22.5	한국전력	21.2
신한지주	21.5	KB금융	20.4

단위: 조 원

3교시: 성장주 투자, 부자공식 G×R 완성

순위	종목명	시가총액	순위	종목명	시가총액
1	삼성전자	407,139	14	POSCO	20,881
2	SK하이닉스	71,926	15	KB금융	19,937
3	LG화학	57,179	16	SK텔레콤	18,975
4	삼성바이오로직스	52,865	17	엔씨소프트	18,046
5	NAVER	46,732	18	신한지주	17,587
6	셀트리온	45,089	19	SK이노베이션	16,597
7	현대차	38,673	20	SK	15,479
8	삼성SDI	37,889	21	삼성생명	14,800
9	카카오	32,928	22	SK바이오팜	14,762
10	LG생활건강	23,942	23	LG전자	14,368
11	기아차	23,794	24	한국전력	14,059
12	현대모비스	23,621	25	삼성에스디에스	13,618
13	삼성물산	22,893			

(단위: 십억 원·2020년 11월 27일 기준)

① 1997년 | 경제위기속 IMF시대

1997~1998년은 국가 재난사태라고도 할 수 있는 경제위기 IMF 시대다. 박찬호와 박세리 두 스포츠 영웅만이 우리의 지친 맘을 달래주던 시기다. 그 당시의 시가총액 1위와 2위인 한국전력과 포항제철(현재 POSCO)을 꼭 기억하기 바란다. 23년이 지난 2020년 현재 POSCO는 15위이며, 심지어 한국전력은 20위권 밖으로 밀려났다. 역성장주를 샀을 때 벌어지는 참사를 눈으로 확인하고 성장주 투자에 대한 믿음을 갖기 바란다.

② 2000년 | 밀레니엄 파동 속 지수 반토막의 해

1999년의 대상승이 나온 직후 2000년 초 1,000p로 시작한 거래소 지수가 밀레니엄 경제위기 속에 거래소지수가 500p로 마감했다. 천

당과 지옥을 오간 해다. 시가총액 1위와 2위 그리고 3위가 삼성전자, SK텔레콤, 한국통신공사(현재 KT)이다. 이때부터 IT 관련주(정보통신기술주)라는 말이 유행하게 되었다. 이 당시 IT 3인방의 시가총액이 비슷했다. 삼성전자와 통신주의 주가 격차가 그 후 벌어진 것에 대해서 수출 위주의 반도체 기업과 내수위주의 통신 기업의 차이가 아닐까 생각해본다.

③ 2005년 | 1000p 강한 돌파로 지수 네 자리 시대 개막

2005년 이전에도 지수 1,000P 돌파를 한 적은 있었지만, 번번이 다시 밀리고 말았다. 하지만 2005년 한해에 거래소지수가 50% 상승하면서 1300P까지 연중 내내 신고가 갱신을 하는 강한 상승장이었다. 삼성전자와 현대차의 시가총액이 급성장하는 전차장세 속에 금융주 강세까지 상승하는 한해였으므로 수출주와 내수주, 성장주와 가치주 모두 상승하는 '물 반 고기 반' 장세였다.

④ 2007년 | 2000p 첫 돌파 그러나 기다리는 건 금융위기

'꺼지기 직전의 촛불이 가장 밝다'라는 격언이 가장 맞아 떨어지는 한해였다. 우리나라 증시 사상 최초로 2000p를 돌파했지만, 그다음 해인 2008년도에 거래소지수 892p까지 떨어지는 지옥의 글로벌 금융위기가 기다리고 있었으니 말이다. 2007년의 주도주는 현대중공업(현재 한국조선해양)으로 시가총액 순위 3위까지 치솟는 모습을 보였다. 금융위기 이후에 현대중공업은 2011년에 다시 한 번 고점을 갱신하지만 그 이후 10년 동안 한 번의 시세를 못 내고 역배열 역성장 진행 중이다. 10년이면 강산이 바뀌는 시간이니, 10년이면 주도산업도 바뀌기에 충분한 시간이다.

⑤ 2011년 | 자동차가 간다

금융위기에 급락했던 지수는 2009~2010년 2년 동안 반등이 나왔기에 2011년은 지수 조정의 해였다. 하지만 지수보다 훨씬 강한 종목군이 있었는데 바로 자동차 관련주다. 현대차, 현대모비스, 기아차 등 자동차 3인방은 표에서 보는 바와 같이 시가총액 10위 안에 모두 들었다. 차화정(자동차, 화학, 정유) 장세에 힘입어 처음으로 LG화학이 시가총액 10위 안에 들어온 해기도 하다.

⑥ 2015년 | 화장품 관련주의 등장

2015년은 지수는 그리 크게 움직이지 않은 해였지만, 산업들의 변동이 심한 해였다. 특히 2015년에 중국 수출 관련 아모레퍼시픽이 주도주가 된 화장품 관련주와 한미약품의 기술수출 관련 제약바이오주의 강세는 수년간의 박스권에 지친 투자자들을 흥분하게 만들기에 충분한 종목장세가 연출되었다. 불과 5년 전인데 이 당시에 비해 기하급수적으로 늘어난 시가총액이 큰 제약바이오주를 보면서 산업의 작은 변화를 누가 빨리 읽어내느냐가 투자 성공을 판가름한다는 것을 다시 한 번 생각해본다.

⑦ 2016년 | 반도체 강국으로 거듭나기

삼성전자의 시총 1위가 10년 이상 계속되었기에 우리나라는 누구도 부인할 수 없는 반도체 강국이었다. SK하이닉스의 시총 2위 굳히기가 시작된 해였다. 이때부터 우리나라 시총 원투펀치는 삼성전자와 SK하이닉스로 유지되고 있으며 이로 인하여 미국의 필라델피아 반도체지수는 우리 증시와 가장 연동성이 높은 경제지표가 되었다.

⑧ 2018년 | 제약바이오주 전성시대

2015년 한미약품의 기술 수출로부터 시작된 제약바이오주 강세열풍이 계속되면서 제약바이오산업 종목의 시가총액은 갈수록 커져갔다. 드디어 기래소 시가총액 TOP10에 두 종목이나 포함됐다. 그 주인공은 셀트리온과 삼성바이오로직스다. 셀트리온은 2018년 2월에 코스닥에서 거래소로 이전상장 되었으며 삼성바이오로직스는 2016년 11월에 거래소에 신규 상장되었다.

⑨ 2020년 | 코로나 위기는 곧 성장주의 기회

2020년 3월은 거래소와 코스닥 폭락의 한 달이었다. 하지만 4월부터 시작된 반등은 코로나시대는 성장주시대임을 알렸다. NAVER와 카카오 두 종목이 4차 산업혁명 관련주이자, 언택트 대장주로 시가총액 10위안에 진입했다. LG화학과 삼성SDI 두 종목 역시 2차전지산업의 쌍두마차로 시가총액 10위 안에서의 위치를 단단히 하고 있다. 시가총액 10위안의 종목 구성을 보면 반도체(삼성전자, SK하이닉스), 인터넷(NAVER, 카카오), 제약바이오(삼성바이오로직스, 셀트리온), 2차전지(LG화학, 삼성SDI), 자동차(현대차), 화장품(LG생활건강)이다. 이 모두가 모두 성장주임을 알 수 있다.

제로금리, 상승장, 4차 산업혁명

지금은 성장주 시대다. 제로금리 시대며 상승장이기 때문이다. 그러나 지금이 성장주 시대인 보다 정확한 이유는 현재 4차 산업혁명 시기이기 때문이다. 경제학에서는 한 나라의 GDP가 증가하는 경기성장기의 이유를 여러 가지 들고 있지만 그중 가장 크게 경제를 성장시키는 계기를 기술혁신에서 찾는다. 그런데 지금 그 기술혁신의 바람이 불고 있다. 기술이나 공학에 관심 없는 이라도 4차 산업혁명 시대라는 말을 많이 들어봤을 것이다. 나 역시 수많은 리포트와 언론기사를 통해 4차 산업혁명을 접하면서 기술혁신의 바람을 온몸으로 느끼고 있다.

우리 주변을 살펴보자. 미국의 테슬라가 주가 급등하기 전부터 우리나라의 얼리 어답터들까지도 테슬라 전기차에 열광했다. 테슬라 주가급등 초기에는 적자지속기업의 주가가 오르는 것은 투기일 뿐이라는 리포트 일색이었다. 하지만 지금은 어떤가? 테슬라의 전기차 열풍은 미국의 한 기업에서 시작되어 지금은 세계 자동차산업의 판도를 바꾸고 있다.

어찌 보면 테슬라의 전기차는 4차 산업혁명의 작은 시작이었을지 모른다. 전기차가 단순히 연료의 미래화가 아닌 주행의 미래화를 포함한 것이라면 우리는 멀지 않은 미래에 자율주행차를 타고 다닐 것이다.

로봇은 어떤가? 우리나라의 경우 반도체 강대국이므로 반도체 관련주 중에 반도체 산업 자동화설비 관련주들이 있었다. 이러한 산업 로봇에서 의료로봇을 거쳐 이제 인간의 비서를 넘어선 인간의 친구가 되어주는 휴먼로봇의 시대가 왔다. 헐리웃 SF영화의 많은 미래기술들이 현실화 되었다고 하는데, 곧 영화에 나온 로보캅들이 시민을 구해주는 시대를 마주할 수도 있다.

실제로 나는 이러한 기술혁신이 주는 성장주 시대를 몸소 경험한 바 있다. 초보 투자자자 시절인 1999년도에 빌 게이츠의 『생각의 속도』를 읽고 큰 감명을 받았을 때다. 그래서 남들이 건설주를 살 때 인터넷 관련주에 관심을 갖고 투자하기 시작했다. 당시 인터넷 혁명이 거품이라는 말도 있었지만 나는 인터넷 관련주가 거품을 타고 하늘을 날고, 거품이 터지기 전에 수익을 챙겼다.

만약 『생각의 속도』를 읽지 않았더라면 또는 읽었더라도 믿지 않았더라면 젊은 시절 큰 수익을 내는 행운은 나에게 오지 않았을지 모른다. 지금도 마찬가지다. 4차 산업혁명에 대해서 알지 못한다면, 또는 알아도 믿지 않는다면 큰 수익을 주는 행운을 발로 차는 바보가 될 수도 있다.

정부정책으로 본 5대 성장산업

'정부정책에 맞서지 마라'는 격언이 있다. 물론 최근의 부동산시장을 보면 정부정책의 의도대로 모두 움직이는 것은 아니지만 말이다. 주식시장에서 최근에 주목해야 할 정부정책은 크게 두 가지가 있다. 2019년에 나온 '미래 3대 신성장 사업'과 2020년에 나온 '한국형 뉴딜정책'이다. 미래 3대 신성장 산업은 비메모리 반도체, 미래형자동차, 바이오헬스다. 한국형 뉴딜정책은 디지털 뉴딜과 그린 뉴딜이다. 아래에서 다섯 가지 산업의 중요성에 대해서 설명해보겠다.

① 비메모리 반도체

삼성전자와 SK하이닉스의 시가총액이 1위, 2위다. 삼성전자의 시가총액이 400조 원에 가깝다는 것을 감안한다면 우리나라 산업 1위가 반도체산업인 것은 확실하다. 하지만 반도체시장의 메모리 시장점유율과 달리 비메모리 시장점유율은 미약한 현실이다. 이에 삼성전자는 비메모리 반도체 시장에 적극적으로 진출하고자 하고 있는 상황이며 이에 맞추어 정부에서도 미래의 신성장 산업에 비메모리 반도체를 1순위로 올려놓았다.

여기에 불을 지피며 반도체 기업들의 성장을 가속화시킨 재료가 터졌는데, 일본이 우리나라를 화이트리스트에서 제외하며 경제보복을 한 사건이었다. 일본의 의도와는 달리 반도체 산업 국산화 경쟁을 불러일으켰고, 많은 반도체 소부장(소재, 부품, 장비) 종목들의 상승이 나왔다. 앞으로 삼성전자가 비메모리 반도체 분야에 안착하고 시장점유율이 증가한다면 우리 경제 전체는 물론 반도체 소부장 기업들의 한 단계 레블업이 예상되므로 주목해야 할 산업이다.

② 미래형 자동차

과거 전차장세(삼성전자와 현대차가 이끄는 장세)가 나오면 주식시장에 큰 장이 열릴 정도로 우리나라 산업 2위는 자동차산업이라 할 수 있다.

나는 캐나다 밴쿠버에서 2년 정도 생활했다. 도로에서는 현대자동차를 보며, 마트에서는 삼성전자 가전제품을 보며 뿌듯했던 기억이 난다. 정부의 미래 3대 신성장 산업에 '메모리 반도체를 잘 생산하고 있으니 이제 비메모리 반도체도 잘 생산해봐.' 하는 의미로 비메모리 반도체가 포함된 것과 마찬가지로 '가솔린 자동차 잘 생산하고 있으니, 이제 미래형 자동차 잘 생산해봐.'라는 의미로 미래형 자동차가 포함되었다고 이해하면 된다.

즉 전혀 산업의 기본 베이스가 없는 신성장 산업이 아니라 기존 잘하는 것을 더 잘해보자라는 의미의 신성장 산업이다. 미래형에는 두 가지 의미가 있다. 연료의 미래형은 전기수소차며, 운행의 미래형은 자율주행이다.

현재는 연료의 미래형이 진행되는 단계로 현대차그룹이 앞장서서 전기수소 완성차 시장에 진입하고 있고, 2차전지 3인방인 LG화학, 삼성SDI, SK이노베이션은 이미 글로벌 2차전지 업체로 인정받았다. 나아가 자율주행은 아직 초기 단계이지만 삼성전자와 LG전자의 자동차 전장사업 투자가 결실을 맺는 시간이 반드시 올 것이다.

③ 바이오헬스

위에서 언급했지만 한미약품의 기술수출 성공과 삼성바이오로직스와 셀트리온의 시가총액 TOP10 진입으로 알 수 있듯이 우리나라 제약바이오 산업은 최근 5년 동안 급성장을 계속하고 있다.

5년 전 시가총액 1조 원 이상 제약바이오주가 거래소 3종목, 코스닥 3종목으로 단 6종목에 불과했다면 지금은 거래소와 코스닥의 1조 원 이상 종목은 셀 수도 없는 수준으로 늘어났다. 10조 원이상의 종목만 보더라도 거래소에 삼성바이오로직스, 셀트리온, SK바이오팜 그리고 코스닥에 셀트리온헬스케어까지 총 4종목이나 된다.

이러한 사실로 보면 우리나라 3위 산업이 제약바이오 산업이라고 해도 무방한 시대가 된 것이다. 위에서 언급한 것처럼 미래의 신성장 3인방에 바이오헬스가 들어간 이유는 '지금 잘하고 있으니까 더 잘해.'라는 의미로 이해하면 된다.

비메모리 반도체 산업 성장에 기름을 부은 사건이 일본의 경제보복이었다면 바이오헬스산업 성장에 기름을 부은 사건은 코로나19의 확산이다. 마스크제조·진단 키트·백신과 치료제로 이어지면서 2020년 가장 크게 상승한 업종이 제약바이오 업종이 되었기 때문이다.

④ 디지털 뉴딜

2020년 코로나 극복을 위한 뉴딜정책이 발표됐다. 구체적으로 디지털 뉴딜과 그린 뉴딜 산업으로 나뉜다. 이중 디지털 뉴딜은 코로나 이전에는 4차 산업혁명 관련주, 코로나 이후에는 언택트 관련주와 중복되는 부분이 많다. 4차 산업혁명 관련주, 언택트 관련주, 디지털 뉴딜 관련주는 매우 흡사하기 때문에 큰 틀에서 보면 현재 가장 강한 성장주에 포함된다.

뉴딜정책 자체로만 본다면 디지털 뉴딜은 그린 뉴딜보다 강한 재료가치를 보여주지는 못했다. 즉 코로나 이전부터 4차 산업혁명 관련주는 주목을 받아왔고 코로나 때문에 언택트 관련주로 분류되며 코로나 수혜로 더욱 강세가 나왔기 때문에 정책 관련주로서의 재료는 주가에 크게 반영되지 않았다는 뜻이다.

⑤ 그린 뉴딜

디지털 뉴딜 관련주와는 달리 그린 뉴딜 관련주는 정부정책이 나오자마자 주가가 강하게 상승했다. 그리고 수개월 이상 재료가치가 주가에 영향을 미치고 있다. 그 이유는 정부정책 관련 호재의 영향도 있지만, 현재가 그린경제로의 전환이 가속화되는 시기이기 때문이다.

저탄소 친환경 산업에 대한 요구가 계속 증대되고 있으며 이는 코로나19를 비롯한 여러 재해들이 계속 생겨날수록 더욱 그린 산업의 성장성은 강화될 것이다. 그린에너지는 크게 태양광, 풍력, 수소에너지 등으로 나눌 수 있다. 2020년 하반기 최대 상승 종목들이 다수 포함되어 있다. 그린 뉴딜 관련주의 상승에는 미국 대선의 민주당 공약도 영향을 미쳤으니 국내의 정책뿐 아니라 세계 각국의 친환경 산업에 대한 정책들을 잘 살펴봐야 할 것이다.

콘택트 시대는 다시 오지 않는다 | TOP PICK

2020년은 '코로나의 해'이면서 '성장주의 해'다. 4차 산업 혁명은 코로나 이전에도 진행되고 있었지만 코로나로 인해 '언택트'라는 이름으로 더욱 빨리 가속화되었다. 그렇다면 코로나가 끝나면 어떻게 될까?

코로나가 끝나면 언택트에서 콘택트로 시장의 관심이 바뀌는 것이 아니라 언택트에서 코로나 이전인 4차 산업혁명으로 관심이 바뀌는 것이다. 시장에서 콘택트에 대한 관심이 낮아진 것은 코로나19가 아니라 4차 산업혁명 때문이었다는 점에서 혹자들이 기다리는 '콘택트 시대'는 영영 오지 않을 확률이 높다.

코로나 시대 이전에도 반도체, 자동차, 제약바이오산업은 우리의 3대 신성장 산업이었으며, 코로나 시대 이전에도 테슬라의 성장에 우리나라의 2차전지 산업은 발전을 거듭해왔고, 친환경 산업에 대한 세계적인 투자는 계속돼왔다.

이에 부록에서는 콘택트와 언택트 구분 없이 국내산업 중 시가총액이 큰 산업을 총 23개로 나누어 간단히 살펴보고 산업내의 시가총액 1위, 2위 기업을 정리해보겠다. 그리고 총 46종목 중에 성장산업에 속하는 8개의 종목을 2020년 11월 기준 이세무사의 톱픽 종목으로 선정한다.

<이세무사의 포트폴리오 8 TOP PICK>

① 반도체: 삼성전자

② 제약바이오: 삼성바이오로직스

③ 자동차: 현대차

④ 2차전지: 삼성SDI

⑤ 인터넷: 카카오

⑥ 전기전자: LG전자

⑦ 화학: 롯데케미칼

⑧ 그린 뉴딜: 한화솔루션

위의 8개 종목은 시가총액이 매우 큰 대형주로 구성이 되어 있으며, 이 책의 완성도를 높이기 위한 성장산업과 산업 내 시가총액 1, 2위 종목 중에 하나일 뿐이지 추천 종목은 아니라는 점을 분명히 한다. 오히려 종목보다 8가지 성장산업으로 구성된 포트폴리오에 주목하기 바란다.

이 책을 읽으신 모든 분들이 성공투자하고 나아가 부자의 꿈을 이루기를 진심으로 바란다. 모두 파이팅!

투자수익률인 R값을 높이려면 투자에 대한 지식과 경험을 쌓아야 한다. 특히 '저금리시대'와 '백세 시대'를 살아가는 요즘은 투자가 필수가 되었다. 그렇다고 무작정 투자를 시작해서는 안 되며 기본부터 충실하게 익혀야 한다.

투자와 매매의 차이를 구분해야 하며, 투자에 있어서 위험과 수익률의 상관관계를 이해하는 것은 기본 중의 기본이다. 많은 투자대상의 장단점을 파악하고 자신에 맞는 투자 대상을 선택해야 하는데, 우리의 투자자금과 연구시간은 유한하기 때문에 부동산과 주식에 선택과 집중을 하는 것이 좋다.

이 책에서는 주식투자 그중에서도 '쉽고 큰돈 버는 방법'인 '성장주 투자'에 대해서 설명한다. 많은 투자자들이 경제적 자유와 공간적 자유에 더해 인간관계의 자유까지 누릴 수 있는 주식투자에 큰 매력을 느낀다. 하지만 주식투자가 어렵고 큰돈을 잃을 수도 있다는 것을 알고 좌절하는 투자자들이 많다.

왜 그럴까? 종목 선정을 직접 할 수 있는 지식과 경험을 쌓지 못하기 때문이다. 스스로 판단하고 결정하고 책임지는 주식투자를 하기 위해서 직접 종목 선정을 해야 한다. 이를 위해 대가들의 비법과 저자의 8가지 종목 선정 기법에 대해서 설명한다. 그중 삼박자 투자법은 가치 분석(재무제표), 가격 분석(차트), 정보 분석(재료) 세 가지 분석에 다 맞는 종목을 선정하는 완벽한 투자기법이지만 지식과 경험을 쌓기에 매우 어렵다는 단점이 있다.

그래서 보다 쉬운 투자법인 '성장주 투자'에 대해 공부하자는 것이다. 성장주는 성장이 언제 멈출지 모른다는 단점을 대응으로 보완할 수 있다면 가치주보다 훨씬 매력적이다. 지금은 성장주의 시대다. '저금리', '상승장' 그리고 '기술혁신'의 시기이므로 성장주에 투자하자. 성장주는 어떻게 찾을 수 있을까? 장기적으로 가치의 성장과 가격의 상승은 같은 방향으로 큰 차이 없이 움직이므로 가격이 상승하는 종목을 찾는 방법이 재무제표에서 가치를 분석하는 것보다 훨씬 빠르고 쉽다.

시가총액 상위기업
총 23개 산업 46개의 종목

부록 읽는 법

- 총 23개의 산업 46개의 종목으로 구성되어 있다.
- 46개 종목은 추천 종목이 아니며 23개 산업 내 종목 중 시가총액 상위기업이다.
- 왼쪽 페이지와 오른쪽 페이지의 상단에 산업이 설명되어 있다.
  왼쪽 종목이 오른쪽 종목보다 시총이 더 크다.
- 23개의 산업은 별의 숫자로 성장성을 나타냈다.
  (★★★ 고성장산업, ★★ 저성장산업 ★ 역성장산업)
- 46개의 종목은 별의 숫자로 매력도를 나타냈다.
  (☆☆☆ 매우 매력적, ☆☆ 조금 매력적, ☆ 매력 없음)
- 산업의 별 개수와 종목의 별 개수는 저자의 주관적 판단임을 밝힌다.
- 종목보다 산업이 훨씬 중요하다. 종목은 절대 매수 추천의 의미가 아니므로 산업 내 시총 상위기업을 공부하기 위한 학습 도구로 활용하기를 권한다.
- 부록 작성은 2020년 11월 18일이다. 주식시장은 살아 있는 유기체의 움직임과 같다. 시간이 흐를수록 부록의 내용은 달라질 수 있음에 유념하기 바란다.

1. 반도체 ★★★

대한민국 산업을 이끄는 대표주.
정부의 비메모리 반도체(시스템 반도체) 산업육성.
한국은 메모리 반도체 강국이며 비메모리 반도체 MS 확보를 위해 노력 중.

삼성전자 ☆☆☆

기업개요

- 한국 및 CE, IM 부문 해외 9개 지역총괄, DS 부문 해외 5개 지역총괄, Harman 등 244개의 종속기업으로 구성.
- 세트 사업에는 TV, 냉장고 등을 생산하는 CE 부문과 스마트폰, 네트워크시스템, 컴퓨터 등을 생산하는 IM 부문, 부품 사업에서는 D램, 낸드 플래쉬, 모바일AP 등의 제품을 생산하는 반도체 사업과 TFT-LCD 및 OLED 디스플레이 패널을 생산하는 DP 사업으로 구성됨.

가치 분석

- 반도체, 스마트폰, 가전제품 등 모든 사업부 글로벌 우위의 경쟁력.

- 비메모리 반도체 진입의 성공여부가 관건.

정보 분석

- 2030년까지 시스템 반도체 R&D 분야에 73조 원, 생산 인프라에 60조 원 투자.
- Foundry 매출 확대가 본격화.
- DRAM 가격이 상승세로 전환하고 5G 네트워크 장비의 추가적인 수주가 기대.

차트 분석

- 시가총액 상위 종목 중에 가장 장기간 우상향 성장주 차트를 유지하고 있는 성장주의 대명사.

DRAM 업황의 턴어라운드와 더불어 삼성전자의 Foundry 투자.
미중 불협화음의 지속으로 국내기업들의 반사이익 수혜 전망.
FOUNDRY: 수요 대비 공급 절대 부족 ⋯ High-end Foundry의 Super Cycle 지속될 것.

SK하이닉스 ☆☆

기업개요

- 주력 생산제품은 DRAM, NAND Flash, MCP와 같은 메모리 반도체이며, 2007년부터 시스템LSI 분야인 CIS 사업에 재진출.
- 2020년 1분기 매출 기준 세계 반도체 시장에서 차지하는 점유율은 D램이 28.9%, 낸드플래시는 11.6%.

가치 분석

- 삼성전자 대비 반도체 업황에 연동성이 더 높음.
- 인수합병으로 외형성장 가능하나 실적유지가 관건.

정보 분석

- 도시바에 이어 인텔 NAND 사업부 인수, 세계 MS 2위 NAND 기업 등극.
- 디램시황이 2021년부터 개선될 가능성 (공급 증가는 제한적, 디램업체 재고 감소 중).
- MCP(스마트폰용 NAND, DRAM 복합제품) 수출 호조.

차트 분석

- 삼성전자보다 조금 둔한 주가 움직임으로 한계를 나타내는 시기.

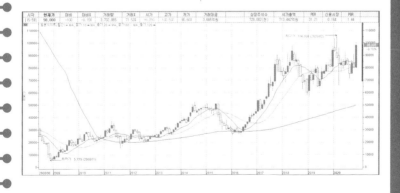

2. 제약바이오 ★★★

미래의 먹거리로 불리는 우리나라 대표적인 성장산업.
제약바이오산업은 인구고령화로 구조적으로 성장할 수밖에 없는 산업.
우리나라 대표기업인 삼성, SK, LG 등도 차기 주력성장 동력으로 투자 중.

삼성바이오로직스 ☆☆☆

기업개요
- 삼성그룹의 계열사로 국내외 제약회사의 첨단 바이오의약품을 위탁 생산하는 CMO 사업을 영위.
- 2018년 cGMP 생산을 시작하여 2019년 말 기준 36.2만 리터 생산설비를 가동 중이며, 이 시장에서 선발업체를 추월해 생산설비 기준 세계 1위 CMO로 도약.

가치 분석
- 계속된 증설로 외형성장과 규모의 경제로 인한 이익 기대감.
- 삼성물산과 삼성전자의 지분 75%는 주가 상승이 나올 가능성을 높임.

정보 분석
- CMO Shortage 현상 지속. Buffer CAPA 이용한 추가 수주 가능.
- 삼성바이오로직스, 송도에 4공장 착공… "세계 최대 바이오의약품 생산기지".
- 1, 2 공장의 가동률이 100% 가깝게 유지되는 상황으로 가동률 안정화로 인한 매출 안정.

차트 분석
- 신규 상장 이후 지속적인 주가 우상향으로 공모 이후 저점 대비 4년 만에 주가 7배 상승.

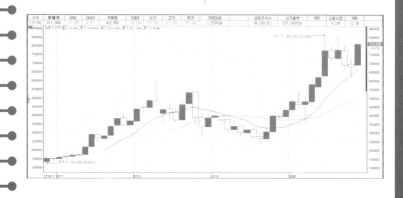

바이오시밀러―팬데믹 상황에도 성장은 지속, 국가 의료 재정 부담 가속화.
코로나19 관련 임상시험 폭발적으로 증가 → CMO 증가.
코로나19로 우리나라 진단키트 및 의료 시스템 세계적으로 인정.

셀트리온 ☆☆☆

기업개요

- 생명공학기술 및 동물세포대량배양기술을 기반으로 항암제 등 각종 단백질 치료제(therapeutic proteins)를 개발·생산.
- 아시아 최대인 140,000리터 규모의 동물세포배양 단백질의약품 생산설비를 보유하고 있으며 향후 개발 일정과 수요 등을 고려하여 3공장 신설 예정.

가치 분석

- 매우 높은 영업이익률과 당기순이익률 유지.
- 셀트리온헬스케어와 셀트리온제약과의 합병 성패가 관건.

정보 분석

- 세계 최초 개발한 자가면역질환 치료용 램시마SC는 EU5 국가 중 독일과 영국에서 출시됐으며 프랑스, 이탈리아, 스페인 런칭 기대, 미국 판매허가 신청에 대한 기대.
- 셀트리온AP와 진단키트 수출로 사업 다각화를 통한 외형 성장 기대.

차트 분석

- 2018년 2월 코스닥에서 거래소로 이전 당시 달성한 신고가를 아직 경신하지 못하는 모습.

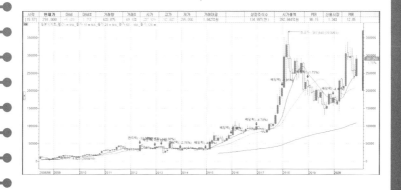

3. 인터넷 ★★★

플랫폼 기업들의 전성시대(구글, 애플, 페이스북, 아마존 등). | 코로나19로 비대면(언택트) 업무가 강조되며 관련사업 급성장. | 인공지능, 빅데이터, 클라우드 등 4차 산업 관련 기술 및 인프라의 발전이 디지털 전환을 가속화.

NAVER ☆☆☆

기업개요
- 국내 1위 인터넷 검색 포털 '네이버'와 글로벌 모바일 메신저 '라인' 등을 서비스 함.
- 글로벌 모바일 사비스 업체 라인과 전자금융업체 네이버파이낸셜, 콘텐트 서비스 업체 네이버웹툰 등을 연결 대상 종속회사로 보유함.

가치 분석
- 코로나로 인한 실적향상 기대감.
- 카카오 대비 안정적인 실적을 유지.

정보 분석
- 국내 1위 인터넷 검색포털을 활용한 광고

비즈니스의 본업 및 신규 비즈니스 경쟁력 강화.
- 쇼핑의 성장과 네이버페이, 플러스 멤버쉽으로 이용자 Lock-In 가속화.
- 공격적인 쇼핑 부문 확대전략, 광고매출 상승.

차트 분석
- 코로나 이전에도 신고가였고 코로나 이후에도 신고가인 언택트 성장주.

디지털 뉴딜 정책과 발맞추어 비대면 서비스 수요 확대.
주력 서비스 대부분이 비대면 서비스, 수요확대는 트래픽·매출 증가로 연결.
커머스, 광고, 컨텐츠, 클라우드 등 인터넷 플랫폼 기업들의 구조적 성장기대.

카카오 ☆☆☆

기업개요

- 국내 1위 메신저 카카오톡 운영사. 카카오톡을 중심으로한 모바일 생태계 안에서 다양한 사업 부문들이 시너지를 발휘하며 수익을 창출.
- 메신저, 포털, 커머스, 모빌리티, 테크핀 등 다양한 생활 밀착형 플랫폼 서비스를 통해 이용자에게 새로운 편익을 제공함.

가치 분석

- 카카오게임즈, 카카오페이, 카카오뱅크, 카카오페이지등 자회사 상장이 동전의 양면.
- 카카오톡과 관련된 사업은 여전히 확장.

정보 분석

- 광고, 커머스, 모빌리티, 페이, 웹툰, IP 비즈니스 등의 모든 사업부의 매출성장 가속화.
- 매출성장이 비용 증가를 압도하는 이익성장. 국내 대표 모바일 플랫폼.
- 2021년 카카오페이, 모빌리티 등 신규 비즈니스의 성장 및 IPO에 따른 연결가치 재평가.

차트 분석

- 코로나 이전에는 4차 산업혁명으로 신고가, 코로나 이후에는 언택트 관련 신고가.
- 시총은 NAVER가 더 높지만, 주가상승률은 카카오가 더 높다.

4. 2차전지 ★★★

전 세계 탄소배출권 규제 강화로 친환경차에 대한 수요 증대 예상.
유럽 및 미국의 친환경 정책 기조 아래 정부지원 정책 강화.
전기차 시장 확대 속 배터리 업체 수익성 개선세 뚜렷.

LG화학 ☆☆

기업개요
- 석유화학사업 부문, 전지사업 부문, 첨단 소재사업 부문, 생명과학사업 부문, 공통 및 기타 부문의 사업을 영위.
- 전지사업 부문의 매출이 2019년 기준 약 37%, 배터리사업 물적 분할 진행 예정.

가치 분석
- LG그룹 시총 1위의 주력사.
- 투자자들의 반발이 심한 물적분할 강행의 결과가 관건.

정보 분석
- NCMA 양극재, 실리콘 음극재, 폼-팩터 변화 등 새로운 2차전지 기술을 선도.

- 2023년까지 원통형 전지를 포함한 생산 능력을 260GWh로 확대할 방침.
- 주요 거래처인 테슬라 생산량 증가 및 증설 효과로 수요증대 기대.

차트 분석
- 테슬라와의 주가연동성이 높고, 삼성SDI 와는 순환매가 도는 주가움직임 보임.

글로벌 전기차 판매비중은 3%에 불과 → 향후 몇 년간 지속적 성장 예상.
이제 막 성장이 시작된 산업에서 미국과 유럽 등 주요시장을 선점한 우리나라 배터리 업체들.
글로벌 전기차 선도기업인 테슬라의 성장 가속 페달.

삼성SDI ☆☆☆

기업개요

- 소형전지, 중·대형전지 등을 생산·판매하는 에너지솔루션 사업 부문과 반도체 및 디스플레이 소재 등을 생산·판매하는 전자재료사업 부문 영위.
- 시장 점유율은 소형전지 19%, EMC 8% 등으로 추산됨.

가치 분석

- LG화학 대비 재무제표의 이익성은 낮은 수준.
- 전지사업 중심사업을 위해 2016년 케미칼 사업부 물적 분할하여 매각.

정보 분석

- 배터리 시장 상위 업체 과점화 및 물량 급증에 따른 규모의 경제 효과로 수익성 개선 지속.
- 유럽 OEM 매출 비중 가장 크기 때문에 유럽 전기차 고성장 직접적 수혜.
- ESS는 주요국 그린 에너지 정책의 수혜 예상되는 가운데, 동사 선도적 지위 돋보일 것.

차트 분석

- 시가총액 1위는 LG화학이지만, 주가움직임 1위는 삼성SDI.

5. 자동차 ★★★

내연기관 중심의 차량에서 미래차(전기·수소차)로 진화 중. | 4차 산업의 핵심인 미래차 시장 초기 선점을 위해 정부와 선도기업이 노력. | 코로나19 영향으로 글로벌 자동차 판매가 급감했지만 향후 기저효과 기대.

현대차 ☆☆

기업개요

- 자동차 및 자동차부품을 제조 및 판매하는 완성차 제조업체. 현대자동차그룹에 속했으며, 현대자동차그룹에는 동사를 포함한 국내 53개 계열회사가 있음.
- 소형 SUV인 코나, 대형 SUV인 팰리세이드, 제네시스 G80 및 GV80 등을 출시하여 SUV 및 고급차 라인업을 강화했으며, 수소전기차 넥소를 출시함.

가치 분석

- 가솔린 완성차에서 전기수소 완성차로의 전환이 관건.
- 정의선 체제에서 지배구조 개편의 방향이 중요.

정보 분석

- 신차 및 EV 전략을 공격적으로 추진하고 있어 시장 변화에 탄력적인 대응과 적응이 기대
- 제네시스와 EV 판매 호조 시 구조적 수익성 개선 기대감 확대.
- 정의선 회장, 미래 모빌리티 솔루션 체질 전환 박차.

차트 분석

- 2012년 차화정장세의 끝에서 지금까지 8년 동안 하락 추세를 끝내고 2020년 반등 시작.

RCEP 서명을 통해 15개 참여국 중 대다수의 국가에서 완성차 및 자동차부품에 대한 관세 양허가 예상 → 해외수출에 우호적 환경 조성 예상.
내연기관차에서 친환경차로 변화되면서 신차 구매에 대한 수요 발생.

기아차 ☆☆

기업개요

- 1999년 아시아자동차와 함께 현대자동차에 인수되었고 기아차판매, 아시아자동차, 기아대전판매, 아시아차판매 등 4개사를 통합.
- 전체 매출액의 약 35%를 내수시장에서 일으키고 있으며, 북중미 시장과 유럽 시장에서의 판매 비중은 각각 33.7%와 25.6% 수준.

가치 분석

- 현대차와 마찬가지로 가솔린 완성차에서 전기수소 완성차로의 전환이 관건.
- 신차 판매에 대한 효과가 가장 중요함.

정보 분석

- 신차 효과에 따른 선진 시장 내 점유율 상승과 제품 Mix 개선, EV 수익성 개선 가능성.
- 내수판매 증가와 ASP 상승으로 실적 개선. 인도 공장의 증산 효과도 긍정적.
- E-GMP 기반의 전기차 전용 모델(CV) 투입으로 추가적인 성장 모멘텀.

차트 분석

- 대장주이며 모회사인 현대차와의 주가 연동성이 매우 높음.

6. 화장품 ★★

2017년 중국시장 개방과 한류열풍으로 주식시장을 선도했던 대표 소비재 섹터. | 2020년 코로나 영향 직격타, 전체 소매판매 침체 속 자유 소비재 부진 심화. | 코로나 이후 해외여행 재개 시 기저효과 기대.

LG생활건강 ☆☆☆

기업개요

• 화장품 및 생활용품 등을 제조, 판매하는 사업을 영위하고 있음.
• 주요 종속회사인 코카콜라음료(주)는 비알콜성음료를 제조 판매하는 사업을 하고 있고, 해태에이치티비(주)는 비알콜성음료, 건강기능식품 및 생활용품을 제조, 판매하는 사업 영위.

가치 분석

• 아모레퍼시픽과 달리 15%대의 매우 높은 영업이익률 유지.
• 다른 중국 관련주들의 실적 악화 시기에도 매출액성장세를 유지.

정보 분석

• 독보적인 실적 개선세(글로벌 화장품 브랜드 업체 가운데 유일하게 증익 지속).
• 경기 방어적인 생활용품·음료의 안정적인 사업구조.
• 중국 현지, 시장 성장 상회 지속(대표 브랜드 '후' 지배력 강화).

차트 분석

• 소비주 중에 신고가를 경신하며 우상향하는 몇 안 되는 성장주로 전체 소비주 톱픽 종목.

시진핑 주석 방한 예정으로 사드 이후 한중 관계 개선 기대. 여행 재개 시 중국인 여행 수요 기대 감(면세점 내 화장품 80%, 중국인 면세 매출 기여도 80%).
중국내 국내 화장품 점유율이 떨어지긴 했지만 브랜드상품 위주로 선방 중.

아모레퍼시픽 ☆☆

기업개요
- 화장품의 제조 및 판매, 생활용품의 제조 및 판매, 식품(녹차류, 건강기능식품 포함)의 제조, 가공 및 판매 사업을 영위하고 있음.
- 사업 부문은 크게 화장품 사업 부문과 DB(Daily Beauty) 사업 부문으로 구분됨.

가치 분석
- LG생활건강 대비 재무제표 상 이익성과 성장성의 한계는 화장품 비중이 높은 제품 구성.
- 한중 관계 개선이 실적호전의 관건.

정보 분석
- 오프라인 채널을 줄이고 디지털채널 전환으로 체질 개선 중.
- 해외 면세와 온라인 채널의 실적 개선세가 구현될 것으로 예상.
- 국내 '이니스프리', '에뛰드' 효율화 효과 기대.

차트 분석
- 2014~2015년 중국 관련주의 대장주로 급등한 이후 5년간 하락 추세. 추세 반전이 관건.

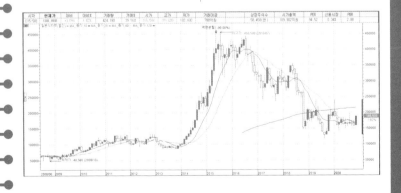

7. 지주회사 ★

지배회사 또는 모회사라고도 하며 산하에 있는 종속회사, 즉 자회사의 주식을 전부 또는 일부 지배가 가능한 한도까지 매수함으로써 기업합병에 의하지 않고 지배하는 회사를 말한다. 종속회사를 소유한 기업들은 지주회사를 두고 있으며 전환 예정인 기업들도 다수 있음.

삼성물산 ☆

기업개요
- 2020년 6월 현재 종속회사는 112개(국내 6, 해외 106)며, 이 중 국내 상장사는 삼성바이오로직스임. 삼성전자 지분 5.0%와 삼성생명 지분 19.3%를 보유하고 있음.
- 사업 부문은 건설 부문, 상사 부문(자원개발과 국제무역), 패션 부문, 리조트 부문(에버랜드, 골프장, 식자재유통 등), 바이오시밀러 사업 등으로 구분.

가치 분석
- 이재용 부회장의 지분이 돋보이는 삼성그룹 지주회사 0순위 후보.
- 지주회사 체제로 전환 시에 어떤 방법일지가 동종목 주가 움직임의 관건.

정보 분석
- 이건희 회장 별세에 따른 지분구조 개선으로 지배력에 대한 가치가 높아질 것으로 예상.
- 코로나19 안정 시 건설 이익 증가 및 패션·리조트 턴어라운드로 대규모 이익 개선 전망.
- 주주 친화적인 배당정책 전개될 가능성 높음.

차트 분석
- 40% 지분의 삼성바이오로직스의 움직임과 비교하면 왜 지주회사가 무매력인지 알 수 있음.

창업주가 후계 상속과정에서 지주사 전환을 하는 사례도 많음.
종속회사의 이익을 배분받는 지분법에 따라 종속회사의 사업역량이 매우 중요.
지주사-자회사 간 역할분담에 따른 경영효율성 및 지배구조 투명성 제고

SK ☆

기업개요
- 1994년 대한텔레콤으로 설립된 동사는 1998년 사명을 SKC&C로 변경하였음. 2015년 8월 (구)SK주식회사를 흡수합병하고 사명을 변경하였으며, SK그룹의 지주사임.
- 연결대상 종속회사는 SK이노베이션, SK텔레콤, SK플래닛, SK네트웍스, SK매직, SKC, SK건설 등 총 302개사임.

가치 분석
- SK그룹의 지주회사로 최대주주는 최태원 (SK디스커버리의 최대주주는 최창원).
- 다소 복잡한 SK그룹 내의 지분구조를 파악해 놓을 것.

정보 분석
- 그룹 지배구조 변화 가능성으로 지주회사 지배력 가치 강화 기대.
- 경기회복 시 계열사들의 실적 개선에 따른 지분법 이익 증대 예상.
- 자회사 SK팜테코, SK실트론등의 IPO 논의될 전망.

차트 분석
- 2020년 다른 지주사 대비 나 홀로 상승은 자회사인 SK바이오팜의 상장 때문이었음.

8. 철강금속 ★

전방산업인 건설·자동차·조선 등의 업황에 따라 영향. | 글로벌 철강공급 과잉인 상황에서 국내 철강기업들은 수요 감소에 따른 어려움을 겪고 있음. | 철강 수요는 2018년 정점으로 추세적으로 수요는 정체 중에 있음.

POSCO ☆☆

기업개요

- 열연, 냉연, 스테인리스 등 철강재를 단일 사업장 규모로 세계 최대 규모인 포항제철소와 광양제철소에서 생산하고 있음.
- 매출은 철강 부문 47.69%, 무역 부문 35.44%, E&C 부문 12.01%, 기타 부문 4.87% 등.

가치 분석

- 매우 낮은 PBR을 보이지만 철강 산업 같은 쇠퇴 산업 내 종목들의 특징임.
- 주인 없는 POSCO의 최대주주는 국민연금 2대주주는 CITIBANK.

정보 분석

- 글로벌 철강사들 가운데에서 코로나19 타격에 가장 선방한 철강사 중 하나.
- 자동차용 강재를 중심으로 판매량이 예상보다 빠른 회복·제품 믹스 개선으로 마진 회복.
- 2021년 중국 철강 수급 개선으로 수입산 가격 및 POSCO의 수출 가격 회복 예상.

차트 분석

- 중장기 하락추세의 전형적인 종목인데 최근 단기 반등이 시작되고 있는 차트

2021년 안정적인 철강 수요와 공급 축소로 중국 철강시장 회복 예상.
생산출하 회복에 따른 철강사들의 완만한 마진 개선이 기대.
건설·부동산 및 완성차향 중심으로 철강재 수요가 견조한 회복세.

고려아연 ☆☆

기업개요
- 아연, 연, 금, 은, 동 등을 제조 및 판매하는 종합 비철금속 제련회사로 비철금속을 제련하는 사업을 영위.
- 비철금속 산업은 철강업과 함께 대표적인 국가 기간산업이며, 최근에는 원자재로서 중요성이 더욱 커지고 있는 산업으로 지속적으로 발전해 나가고 있음.

가치 분석
- 꽤 높은 영업이익률과 꽤 낮은 PER.
- 최대주주는 영풍으로 영풍그룹주.

정보 분석
- 금속가격 상승에 따른 양호한 영업실적이 예상.
- 중장기적으로 전지박이라는 새로운 성장동력 확보.
- 안정적 이익 창출력과 2조 원 이상의 순현금 보유로 안정적인 재무구조.

차트 분석
- 재무제표로 보나 주가 차트로 보나 POSCO보다 낫다.

9. 은행 ★

금리변동에 매우 민감함: 경기회복에 따른 글로벌 금리 상승 시 수혜.
대표적인 배당섹터로 주주가치를 위해 고배당 정책 추진.
시장의 성장주 일변도에서 가치주로의 투자 스타일 변화 가능성.

KB금융 ☆☆

기업개요

- 2008년 설립된 KB금융그룹의 지주회사로 업계 선두권의 시장지위와 높은 브랜드 인지도를 바탕으로 은행, 카드, 증권, 생명보험, 손해보험, 저축은행 등 다양한 사업을 영위.
- 2020년 1분기말 기준 국내 원화예수금 21.4%, 원화대출금 20.3%으로 업계 1위 점유율을 가진 국민은행이 대표적 종속 기업임.

가치 분석

- 은행주의 특징인 높은 부채비율, 낮은 PER를 고려해서 재무제표를 볼 것.
- 은행주는 연말에 배당 때문에 관심 받고, 금리인상 시즌에 관심 받는다.

정보 분석

- 비은행 이익기여도가 40% 수준으로 상승해 이익다각화 효과 계속될 듯.
- 푸르덴셜생명 자회사 편입 효과로 2021년에도 증익 가능성 높은 편.
- 배당예상수익률 전망치 5% 상회.

차트 분석

- 성장주처럼 우상향 하지는 못하지만, 하락추세도 아닌 중장기 비추세의 움직임을 보인다.

2000년 이후 4년 연속 초과 하락한 사례 없음. → 2~3년 초과하락하면 다음해는 반드시 초과
상승 했던 경향.
2021년 카카오페이와 카카오뱅크 상장 예정 → 업종 내 수급 이슈 발생 가능.

신한지주 ☆

기업개요
- 신한금융 계열사에 대한 지배 · 경영관리, 종속회사에 대한 자금지원 등을 주요 사업목적으로 하는 금융지주회사.
- 주요 사업 부문은 은행업, 신용카드업, 금융투자업, 생명보험업, 자산운용업, 여신전문업, 저축은행업 등이 있음. 2020년 1월 오렌지라이프 100% 자회사 편입 완료.

가치 분석
- KB금융 대비 상당히 높은 이익성을 보이고 있음.
- 은행주의 특징인 높은 부채비율, 낮은 PER를 고려해서 재무제표를 볼 것.
- 은행주는 연말에 배당 때문에 관심 받고, 금리인상 시즌에 관심 받는다.

정보 분석
- 카드, 보험 등 대부분의 비은행 자회사의 이익비중이 높아짐.
- 다변화된 자회사들을 통한 지속적인 성장 가능성 높음.
- 유상증자를 통해 확보된 자본으로 M&A 등의 성장, 주주환원 정책의 강화 등을 추진.

차트 분석
- KB금융과의 주가연동성이 매우 높다. 은행주는 거의 비슷하게 움직인다고 보면 된다.

10. 통신 ★★

5G 무선 관련 이익 턴어라운드 기대되면서, 21년 본격 실적 성장 가시화. | 통신망을 바탕으로 기업고객 Digital Transformation 사업 기회. | 클라우드 서비스 수요 확대, 5G 통신망을 활용한 OTT 및 AI 수요 증가로 데이터센터 수요 지속 성장 중인 상황.

SK텔레콤 ☆☆

기업개요
- 이동전화, 무선데이터, 정보통신 사업 등의 무선통신 사업, 전화, 초고속인터넷, 데이터 및 통신망 임대서비스 등을 포함한 유선통신 사업, 플랫폼 서비스, 인터넷포털 서비스 등의 기타사업으로 구분됨.
- 시장점유율은 무선통신 사업(MVNO제외) 약 48%, 초고속인터넷 부문은 약 26%, IPTV 부문은 약 30% 수준임.

가치 분석
- SK하이닉스의 20% 지분보유.
- 5G시대에 대한 기대감이 통신부품주만큼 주가에 반영되지 못하는 모습.

정보 분석
- 이익 턴어라운드 성공, 2021년엔 통신·비통신 부문 모두 높은 영업이익 증가 가능할 것.
- 2021년 하반기 지배구조개편 추진 전망, 자회사 IPO 개시로 주가 재평가 받을 것.
- 5G 유입 여전히 호조인 상황에서, 비통신 자회사 실적까지 성장 지속.

차트 분석
- 1999년 영광의 급등기가 20년이 지났지만, 다시는 돌아오지 않는 분위기가 지속된다.

통신업종 외국인 지분율은 최근 10년 내 최저 수준이나, DPS 상향이 예상되는 2021년 외인 수급 개선 예상. | 미국과 일본은 중국산 장비에 대한 배제 움직임에 따라 국내 통신 장비 업체의 비중이 확대될 수 있는 기회가 있기 때문에 관심을 가져야 할 시점.

KT ☆

기업개요
- 주요 사업부로는 ICT, 금융 사업, 위성방송서비스 사업, 기타 사업 등으로 구분됨. 비씨카드, 지니뮤직, 케이티스카이라이프 등을 연결대상 종속회사로 보유함.
- 2020년 상반기 기준 매출은 ICT 64.7%, 금융 12.3%, 위성방송 서비스 2.6%, 기타 부문 20.4% 등으로 구성됨.

가치 분석
- 한국전기통신공사의 민영화.
- 유선은 개통 안 하고, 무선은 SK랑 LG에 밀리고.

정보 분석
- B2B 플랫폼 사업자로의 전환을 선언하고, AI, 빅데이터, 클라우드 사업 역량 강화.
- IPTV를 포함한 유료방송 시장에서 지배적 사업자의 위치를 바탕으로 플랫폼 수익이 증대.
- 코로나 이후 데이터 수요 증가됨에 따라 데이터센터 성장세 높아질 것.

차트 분석
- 공기업 민영화 종목은 절대 사지 말라는 대표 사례 차트. 근데 아직도 사는 사람이 있다고?

11. 게임 ★★★

2021년 디지털 전환과 비대면 서비스의 확대 지속, 인터넷 플랫폼 최대 수혜 | 2020년 4분기부터 각 게임사들의 주력 게임이 2021년까지 이어서 출시 | 게임산업의 중국 판호발급 기대감은 여전히 유효.

엔씨소프트 ★☆

기업개요
- 온라인, 모바일 게임소프트웨어 개발과 공급이 동사 주요 사업임. PC게임 '리니지'와 '리니지2', '아이온', '블레이드앤소울', 모바일 게임 '리니지M', '리니지2M', '프로야구 H2' 등.
- 모바일 게임 '리니지M'과 '리니지2M'은 서비스 시작 이후 꾸준히 앱마켓 매출 순위 상위권(톱3)을 유지하고 있음.

가치 분석
- 매우 높은 이익률과 꽤나 높은 PER.
- 성장성이 유지되는지가 관건.

정보 분석
- 2017년 대표게임 "리니지M" 출시 이후 꾸준한 흥행 유지.
- 2021년 는 PC와 모바일에 있어 최소 2개 이상의 신규게임 출시예정.
- '프로젝트TL'은 PC·콘솔 플랫폼을 타겟하고 있어 밸류에이션 멀티플 확장 요인.

차트 분석
- 연봉으로 6년 연속 상승하고 있는 우상향 성장주의 대표적인 차트.

클라우드 등의 공급자 주도 성장 기대. 현재 국내 게임사들이 개발 중인 신규 콘텐츠의 상당수는 크로스플레이용 게임.
코로나19로 이용자 저변 확대 및 모바일 게임 활성화.

넷마블 ☆

기업개요

- 모바일 게임의 개발 및 퍼블리싱 사업을 영위하며 넷마블㈜는 넷마블넥서스㈜, 넷마블엔투㈜, 넷마블네오㈜ 등의 게임 개발 자회사가 개발한 게임 등을 퍼블리싱하는 사업을 전문적으로 영위.
- 주요 라인업으로는 '모두의마블', '스톤에이지 월드', '세븐나이츠', '몬스터길들이기' 등.

가치 분석

- 엔씨소프트 대비 낮은 이익률에 높은 PER.
- 빅히트와 카카오게임즈 지분가치 부각으로 주가상승했지만 본업이 관건.

정보 분석

- '세븐나이츠' IP 확장 본격화. ☆닌텐도 스위치 버전 출시, '세븐나이츠2', '세븐나이츠 레볼루션'까지 런칭 계획.
- 플랫폼 확장, 크로스플레이 지원, 투자 통해 글로벌 엔터테인먼트 기업으로 변화 도모.

차트 분석

- 엔씨소프트 대비 재무제표도 별로인데 차트는 더 별로임.

12. 정유·화학 ★★

COVID19의 대표적 피해 업종은 정유 → 전 세계적 수요 감소. | 수요 100% 회복에는 다소 시간이 걸릴 수 있을 것으로 판단. | 탄탄한 재무구조 하에서 신사업·주주환원 등을 통해 기업가치 개선 가능.

SK이노베이션 ☆☆

기업개요

• SK(주)가 2007년 투자사업 부문을 SK(주)와 석유, 화학 및 윤활유 제품의 생산 판매 등을 영위할 분할신설법인인 동사를 인적 분할함으로써 설립됨.

• 2009년 10월 윤활유사업 부문을, 2011년 1월 석유 및 화학사업 부문을 각각 물적 분할.

가치 분석

• 코로나로 인한 실적 악화로 2020년 3분기 내내 적자 지속.

• 전기차 관련 성장성은 LG화학과 삼성SDI에 비해 낮음.

정보 분석

• 정유 경쟁업체들과 달리 배터리·분리막이라는 확실한 성장 동력 보유.

• 배터리, 공격적 증설 계획 진행.

• 코로나로 인한 석유제품 수요 감소, 정제마진 부진 등 전반적인 시황 부진

차트 분석

• 2차전지에서는 삼성SDI가 낫고, 정유화학주에서는 롯데케미칼이 낫다.

언택트 환경으로 인한 패키징 수요 급증(온라인 쇼핑 및 음식 포장 수요 증가에 기인).
경기 회복보다 먼저 타이트해진 수급 균형.
Pandemic 이후 빠른 수요 복원력 & 저유가 장기화(원가절감)

롯데케미칼 ☆☆☆

기업개요

• 1976년 석유화학제품의 제조·판매업을
영위할 목적으로 설립되어 여수, 대산 및
울산 석유화학단지 내에 공장을 두고 있
음.

• 올레핀 계열 및 방향족 계열의 석유화학
제품군을 연구, 개발, 제조 판매하며, 각
국에 판매법인과 해외지사를 설립하고
전 세계 다양한 국가로 제품을 수출하고
있음.

가치 분석

• 롯데그룹 상장주 중에 시총 1위 종목.
• 재무제표상 턴어라운드 발생 기대감.

정보 분석

• 21년 글로벌 석유화학 수요 우위 수급으
로 변화.

• 과거 경기 회복 국면에서는 BD, SBR,
ABS, MEG 등의 제품이 수요 복원력이
가장 높았음.

• 글로벌 업체들의 증설 취소 지연 등으로
올레핀 계열의 시황은 점진적으로 회복
될 전망.

차트 분석

• 52주신고가와 함께 화학주 빅사이클 기
대감이 반영된 일봉상 완전정배열 초입
차트.

13. 전기전자 ★★★

대형 패널: TV 대면적화 및 IT Device 판매 증가로 수요 면적 7% 증가. | 코로나19 영향으로 노트북, 태블릿 등 IT 패널 수요 강세 지속. | 2021년 글로벌 스마트폰 판매량 YoY 13% 및 스마트폰 시장 내 OLED 침투율 34% 전망.

LG전자 ☆☆☆

기업개요

- TV 등을 생산하는 HE사업본부, 이동단말을 생산하는 MC사업본부, 생활가전제품을 생산하는 HA사업본부, 자동차부품을 제조하는 VC사업본부 등으로 구성.
- VC(Vehicle Components) 사업의 경우 텔레메틱스와 인포테인먼트 부문에서 경쟁력을 확보하고 있으며 2018년 기준 세계시장 점유율은 각각 18.2%와 7.5%로 추정.

가치 분석

- 2020년 외형성장과 수익상승 기대감.
- 자동차 전장 사업 성장성 반영 기대감.

정보 분석

- 전장사업부 성장 : 수주잔고의 40~50%가 GM향으로 전기차 프로젝트 진행 중.
- 가전은 건강가전 판매 확대에 따른 수익 창출력 극대화, 유럽 빌트인 성과 주목.
- 스마트폰은 보급형 5G폰 위주로 선진 시장 점유율 반등, ODM 확대 등 수익개선.

차트 분석

- 52주 신고가 갱신하며 2018년 고점 갱신을 향해 우상향 진행 중.

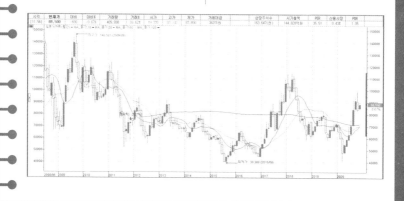

스마트폰 판매량은 서서히 수요가 회복되고 있고, 기저효과 전망.
화웨이 반사수혜 : 미중 갈등의 지속화로 국내기업 반사이익.
300달러 미만의 저가 스마트폰 시장은 성장세가 지속.

삼성전기 ☆☆☆

기업개요

• 주요 사업 부문은 수동소자를 생산·판매하는 컴포넌트솔루션 사업 부문, 카메라 모듈, 통신모듈을 생산·판매하는 모듈솔루션 사업 부문, 반도체 패키지 기판, 경연성 인쇄회로 기판을 생산·판매하는 기판솔루션 사업 부문으로 구성.

가치 분석

• MLCC 글로벌 2위 업체로 MLCC 업황에 매우 높은 연동성.
• 삼성전자의 자회사 3인방은 삼성SDI, 삼성에스디에스, 삼성전기.

정보 분석

• MLCC는 5G 모바일과 전장 수요에 기반한 호전 사이클 진입.
• 카메라 모듈은 주고객 약진 속에서 강한 출하량 모멘텀 기대.
• 해외 고객사의 신규 스마트폰 출시로 RF-PCB 공급이 확대.

차트 분석

• 역사적 신고가 코앞까지 따라붙은 주가차트로 신고가 갱신 가능성 높아 보인다.

14. 에너지 ★★

유가약세로 원가 하락하여 수익성은 개선.
친환경 정책으로 환경비용에 대한 부담이 가속(재생에너지, 온실가스배출, 세금 등).
정부정책에 따라 사업방향의 영향을 많이 받을 수밖에 없는 업종.

한국전력 ☆

기업개요
• 전력자원의 개발, 발전, 송전, 변전, 배전 및 이와 관련되는 영업, 연구 및 기술개발, 보유 부동산 활용사업 및 기타 정부로부터 위탁받은 사업 등이 있음.
• 전력 산업은 국민의 일상생활과 산업 활동에 없어서는 안 될 필수 에너지인 전력을 공급하는 주요한 국가기간산업임.

가치 분석
• 공기업이자 독점기업, 정부의 정책에 많은 영향을 받음.
• 2018, 2019년 연속 적자지속이었지만 2020년 턴어라운드.

정보 분석
• 재생에너지 관련 규제 변화들이 나타나는 중. 이는 한국전력 실적과 투자비 부담으로 작용
• 전기요금 정상화로 한국전력 투자재원이 마련된다면 건강한 에너지전환 달성할 수 있을 것
• 지속적인 실적 개선, 배당 재개, 중기적인 요금체계 개선 가능성 등.

차트 분석
• 주인 없는 KT나 주인 있는 한국전력이나 비슷하게 역배열 차트.

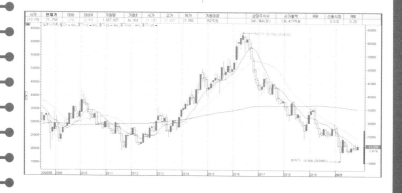

신재생에너지 보급 확대는 글로벌 트렌드 → 그린 뉴딜
태양광, 풍력 등 신재생에너지에 대한 투자가 늘어나고 있으며, 한국판 뉴딜을 기회로 산업의 성장속도가 급격히 빨라질 것으로 전망.

한화솔루션 ☆☆☆

기업개요
- 1965년 8월 설립된 한국화성공업을 전신으로 하여 1974년 4월 한양화학지주(주)를 설립하였으며 1974년 6월 한국거래소에 상장됨. 2020년 1월 사명을 변경하였음.
- 가성소다, PVC, LLDPE 등의 합성수지 및 기타 석유화학제품의 제조 및 판매를 주요 사업으로 영위하고 있음.

가치 분석
- 한화그룹 상장사 중에 시총 1위 기업.
- 기존 화학 사업의 실적 턴어라운드에 태양광, 수소에너지 성장 기대감.

정보 분석
- 신재생에너지 발전과 에너지 플랫폼 사업자로의 중장기 사업 포트폴리오 전환.
- 석유화학·태양광이 동시에 호조를 보일 것으로 예상.
- 2025년까지 태양광─수소 연계의 신재생 에너지 로드맵 보유.

차트 분석
- 그린 뉴딜의 대장주 차트가 언제까지 지속될 것인가? 10년 만에 전고점 돌파 가능성 있다.

15. 보험 ★

AI 기반으로 가입시간 및 보험금 지급 시간을 단축시킨 인슈어테크 등장. | 생활밀착형 보험, 미니 보험 등 담보를 단품화 하는 것이 비대면, 디지털화에 선제적인 조건. | 보험 산업의 주요 상품인 종합 보험은 비교하기 어려워 비대면 판매가 어렵기 때문.

삼성생명 ☆

기업개요

- 1957년에 설립된 동사는 압도적인 브랜드 파워와 업계 최대의 전속 설계사 조직, 업계 최다 계리전문인력 보유를 기반으로 보험사업을 운영하고 있음.
- 업계 최대 규모의 고객을 보유하고 있으며, 서비스의 신속성 및 정확성을 향상시키고자, 콜상담과 창구내방 등을 전담하는 서비스 전문자회사를 운영하며 고객 서비스 경쟁력 우위를 지속하고 있음.

가치 분석

- 삼성생명이 보유한 삼성전자 지분 처리에 대한 기대감.
- 은행주와 마찬가지로 금리인상이 호재임.

정보 분석

- 금리 상승 및 주식 시장 호조 이어지면 변액 보증 환입으로 실적 개선.
- 삼성그룹 관련 상속 및 지배구조 재편으로 전자의 배당 확대에서 보험업법 통과 가능성.
- 건강·상해 중심 보장성 상품이 방카채널을 통해 판매가 확대.

차트 분석

- 2년 동안 완전히 망가진 추세를 회복하는 반등국면이지만 반등에 그칠 가능성.

실적과 자본적정성에 직접적인 영향을 미치기 때문에 금리 민감도가 높음.
여러 규제 완화가 진행 중이고, 모럴헤저드성 손해액 관리를 위한 합리적인 방안들이 구체화.
손해보험의 자동차 보험 수익성 회복과 신계약 경쟁 완화로 실적 가시성이 개선.

삼성화재 ☆

기업개요

- 국내에서 가장 규모가 큰 삼성 계열의 손해보험사로, 손해보험업과 제3보험업을 핵심 사업으로 영위하고 있음.
- 550여개 지점과 2만여 명의 전속 설계사 판매조직을 보유한 전국적인 판매망을 확보하고, 온라인 자동차보험 브랜드인 '애니카다이렉트'는 온라인 직판 채널 내 매출 규모 1위로 성장함.

가치 분석

- 코로나로 인한 손해율 개선으로 수익개선 기대감.
- 은행주와 마찬가지로 금리인상이 호재임.

정보 분석

- 다른 상위권사와 대비해도 낮은 위험손해율과 압도적인 자본력.
- 손해율 추가 개선과 더불어 사업비율도 하향 안정돼 합산비율 개선·보험이익 확대가 증익 기조를 이끌 전망.

차트 분석

- 삼성생명도 큰 매력 없지만, 삼성화재는 더 매력 없어 보인다.

16. 조선 ★

컨테이너선과 LNG선 운임의 반등은 긍정적. | 선종별 경쟁력 변화가 없는 소강상태, 제로금리 고착화로 발주의 변수는 운임과 선가 상승. | 조선소들의 수주잔고는 VL탱커와 LNG선, 초대형 컨테이너선과 LPG선으로 단순화.

한국조선해양 ☆

기업개요
- 현대미포조선, 현대삼호중공업, Hyundai-Vinashin Shipyard 등 종속기업을 포함하여 조선 부문에서 선도적인 지위를 유지하고 있음.
- 매출은 조선 85.45%, 해양플랜트 6.65%, 엔진기계 3.69% 등으로 이루어져 있음.

가치 분석
- 구)현대중공업으로 4개 회사로 분사했음.
- 분기적자가 지속되고 있음.

정보 분석
- LPG계열의 추진연료를 사용하는 선박(에

탄올과 메탄올 포함)의 수주량 호조
- 선종이 단순화된 수주잔량이 늘어나고 있어 건조수익성 향상이 예상.
- 모잠비크 LNG를 포함한 LNG선, 대형컨테이너선, VLCC 등의 수주가 늘어날 전망.

차트 분석
- POSCO와 더불어 10년째 하락하고 있는 대표적인 하락추세 역성장주.

전 세계 3만 척의 중고선은 앞으로 10년에 걸쳐 대부분 LNG추진선으로 교체가 이루어 질 것
→ 연평균 1,500~1,700여 척의 신조선 발주수요가 예상.
5개 주요 상선 시장의 절반 이상은 한국 조선업이 갖고 있음.

삼성중공업 ☆

기업개요

- 선박, 해양 플랫폼 등의 판매업을 영위하는 조선해양 부문과 건축 및 토목공사를 영위하는 E&I사업 부문으로 구분됨.
- 매출은 조선해양(LNH선, 초대형 컨테이너선, FLNG 등) 부문이 99.83%의 절대비중을 차지하며 토목, 건축 부문이 0.17%를 차지하고 있음.

가치 분석

- 아직도 시가총액 4조 내외를 유지하는 게 믿기지 않는 재무제표.
- 적자지속 상태 유지.

정보 분석

- LNG선, 컨테이너선, 탱커 세 가지 선종으로 단순화되어 영업이익 점차 개선 전망.
- LNG 추진선 수주실적은 큰 폭으로 늘어날 것으로 예상.
- 초대형 컨테이너선과 아프라막스급 탱커 선박 수주 기대감.

차트 분석

- 재무제표와 차트를 보면 정말 개별주로 보이는데, 이게 4조짜리 삼성그룹주라니 놀랍다.

17. 증권 ★★

풍부한 유동성과 직접 투자 열풍, 그리고 증권거래세 인하 등 우호적인 규제의 방향성. | 높은 유동성과 직접 투자 관심 증가에 따른 Money Move의 수혜가 지속되는 영향으로 Brokerage 호조

미래에셋대우 ☆☆

기업개요
- 금융투자업을 영위하며 상품제조, 트레이딩 역량 등 다양한 부문에서 경쟁력을 갖춘 증권사로 2016년 4월 미래에셋증권으로 최대주주 변경되면서, `미래에셋대우`로 사명 변경.
- 주요 사업 분야는 자산관리업무, 위탁매매업무, 트레이딩업무, 투자은행업무, 연금 사업 및 해외 사업으로 나누어짐.

가치 분석
- 지분구조상 특이사항은 NAVER의 7%지분 보유.
- 시장 상승기가 계속될수록 증권주의 주가에 호재.

정보 분석
- IB 및 Trading 부문 둔화에도 Brokerage부터 자산관리까지 다각화된 포트폴리오를 가지고 있어 이익 안정성이 양호.
- 사업다각화의 일환으로 추진한 네이버와의 협업도 성장에 대한 기대감.

차트 분석
- 보험주나 은행주나 증권주나 거기서 거기다.

"대리인 등 판매채널—디지털 직판" — "디지털 판매 채널—금융상품 공급자"
토스증권, 카카오페이증권의 등장으로 21년 리테일 전쟁 가속화 전망.
리테일 호조 이어지나 경쟁 격화 우려.

삼성증권 ☆

기업개요

- 1982년 단자회사로 설립된 동사는 차별화된 부유층 고객기반, 업계 최고의 자산관리 역량과 인프라 바탕으로 고객 니즈에 적합한 맞춤형 상품 및 서비스를 선제적으로 제공하고 있음.
- 홀세일, IB 부문의 사업역량도 강화하여 수익원 다변화를 통한 전사적으로 균형 있는 사업 포트폴리오를 구축하고 있음.

가치 분석

- 삼성생명의 자회사로 증권주의 특성상 낮은 PER 유지.
- 시장 상승기가 계속될수록 증권주의 주가에 호재.

정보 분석

- 자산관리 및 투자은행 부문의 균형 성장을 통한 성장 및 수익개선을 시현.
- 리테일 고객자산은 꾸준한 순유입을 기록하면서 자산관리 부문에서 경쟁력 유지.
- 브로커리지 레벨업, 높은 배당률을 유지 (우호적인 주주환원정책).

차트 분석

- 보험주나 은행주나 증권주나 거기서 거기다.

18. 음식료 ★★

글로벌 K-Food에 대한 관심 및 인지도 확대로 재구매율 상승 및 제품·지역 커버리지 확산 | 주요 음식료 업체들의 해외 사업 확장 지속. | 1~2인 시니어가구의 증가로 가정간편식(HMR) 제품의 성장.

CJ제일제당 ☆☆

기업개요
- 2007년 9월 CJ 주식회사에서 기업 분할되어 식품과 생명공학에 집중하는 사업회사로 출발한 국내 1위 식품회사의 위치를 공고히 하고 있음.
- 고급화 되어가는 소비자 트렌드에 맞춰 프리미엄화 전략을 적극 추진하여 뛰어난 맛과 품질, 강력한 브랜드 파워를 갖추기 위해 노력 중.

가치 분석
- 코로나 수혜로 2020년 실적 퀀텀 점프에 비해 낮은 PER유지.
- HMR시장 성장에 따른 매출 증가.

정보 분석
- 카테고리 확대, 프리미엄화, 온라인 채널 확장 등을 통해 HMR 시장 선방.
- 사료용 아미노산 수요, 질적·양적 성장 전망.
- '쉬안즈'와의 시너지(영업력 통합 등) 가시화 기대.

차트 분석
- 코로나수혜가 주가에 어느 정도 반영되었음. 이제부터는 추세의 힘.

곡물가격 상승의 장기화로 가공식품의 가격인상 Cycle이 시작될 가능성.

원화 가치 상승은 음식료 업종에 유리.

컨택트 전환으로 외식 수요 회복되면서, 음료·주류·식자재 유통 수요 강세 전망.

오리온 ☆☆

기업개요

• 국내 시장에서는 초코파이를 위시한 여러 파이 제품과 포카칩, 오징어땅콩 등의 안정적인 실적을 바탕으로 매년 다양한 신제품을 출시해 성공시키며 높은 시장 지배력을 보이고 있음.

• 해외 시장에서는 중국 시장을 중심으로 큰 성장을 이루어내고 있으며, 소매점 판매 강화를 통해 지역 및 채널 망을 확장시켜 나가고 있음.

가치 분석

• 중국에서의 매출성장세 유지가 관건.

• CJ제일제당 대비 매우 높은 이익률 유지가 최대 장점.

정보 분석

• 대표 브랜드 초코파이·꼬북칩 등 내수 및 해외시장(중국·베트남·러시아 등) 선방.

• 시장지위 확대에 기반한 중장기 체력개선 지속에 대한 기대.

• 중국 34조 원 생수시장 진출 계획, 2025년 2천억 원 타깃.

차트 분석

• 재무제표는 오리온이 더 좋은 것 같고, 차트는 CJ제일제당이 더 좋은 것 같다.

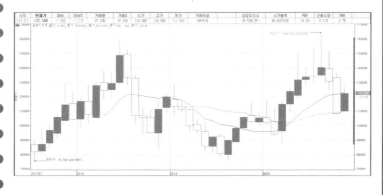

19. 엔터 ★★★

BTS·블랙핑크 등이 이끄는 다시 부는 한류열풍.
해외팬덤 증가·현지전략 강화·고마진 IP 매출비중 확대.
중국 한한령 해제 기대감.

빅히트 ☆☆

기업개요
- 2005년 설립된 글로벌 엔터테인먼트 콘텐츠 기업으로서 글로벌 아티스트를 육성하고, 음악 기반 라이프스타일 콘텐츠를 제작 및 서비스하고 있음.
- 쏘스뮤직, 플레디스엔터테인먼트 등 레이블 지분인수를 통하여 멀티레이블 체제를 구축, 소속 아티스트로는 방탄소년단, 투모로우바이투게더, 세븐틴, 뉴이스트, 여자친구 등이 있음.

가치 분석
- 신규 상장 이후 조정 받고 있지만 여전히 시총 6조원 대
- 기획 3사의 시총을 합한 것보다 시총이 크고, 기획 3사의 이익을 합한 것보다 이익이 많다.

정보 분석
- BTS의 앨범 판매량은 이미 글로벌 1위. 코로나19 종식 시 콘서트 매출액도 1위 예상.
- 온라인·디지털 콘텐츠 중심 성장 지속, 앨범 및 공연 등 직접 매출 증가와 이와 연계된 스트리밍, MD상품 판매 등 간접 매출이 동반 성장 & 자체 플랫폼을 통한 팬덤의 체계적 관리.

차트 분석
- 신규 상장된 지 얼마 안 돼 차트 평가가 힘들지만 동종업종 시총 비교가 불가능.

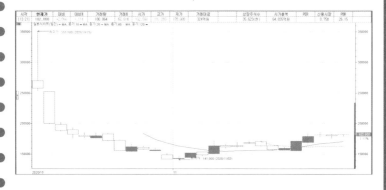

코로나는 인간의 야외 활동을 단절시키고 집안에서의 활동을 인위적으로 늘리는 역할을 함
넷플릭스에 이어 애플TV+, 디즈니+, HBO Max 등 런칭으로 글로벌 OTT 경쟁 격화. → 아시아
내 경쟁력 확보 위해 한국 드라마 제작·구매 본격화.

CJ ENM ☆☆

기업개요
- 1994년 12월 종합유선방송 사업과 홈쇼
  핑 프로그램의 제작공급 및 도소매업을
  목적으로 실립되어 1999년 11월 코스닥
  에 상장.
- 방송채널사용 사업자로서 현재 tvN,
  Mnet, OCN, Olive, XtvN, Tooniverse 등
  의 채널을 운영.

가치 분석
- 스튜디오드래곤 지분 58% 보유.
- CJ오쇼핑과의 합병으로 엔터주치고
  PER, PBR 등의 시장지표 양호.

정보 분석
- 브랜드와 컨텐츠 경쟁력 강화 기조가 꾸
  준히 유지되며, 디지털 대응 또한 원활하
  게 진행 중.
- 네이버와의 지분교환을 통한 콘텐츠 협
  력으로 자체 OTT 플랫폼 '티빙(Tving)' 성
  장견인.
- 미디어 부문: 제작비 효율화가 이어지고
  있고 디지털 전략이 가시화.

차트 분석
- 월봉상 하락추세에서 일봉상 상승반전을
  시도하고 있는 종목.

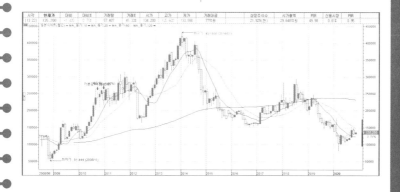

20. 유통 ★★

코로나가 불러온 유통산업의 특징:
유례없는 소매 유통시장 축소, 비대면 접촉을 통한 소비활동이 급격하게 증가,
가전·가구 등 내구재 상품군의 성장률.

이마트 ☆☆

기업개요

- 2011년 5월 (주)신세계로부터 인적분할
  하여 설립되었으며, 연결대상 종속기업
  으로 (주)신세계조선호텔, (주)신세계푸
  드, (주)이마트에브리데이, (주)스타필드
  고양 등을 보유함.
- 2020년 상반기 대형마트 매출액은 증가
  하였으나, 채널 간 경쟁 심화, 언택트.
- 소비 확산 등의 영향으로 국내외 시장 환
  경은 어려울 것으로 예상.

가치 분석

- 정용진 부회장이 지분 18%로 최대주주.
- 온라인 실적 강화로 코로나로 인한 외형
  성장.

정보 분석

- 식품 온라인·창고형 대형마트·노브랜드
  (PB) 확대로 글로벌 유통 트랜드 선도.
- On-Off 모두에서 M/S를 확대할 수 있을
  전망.
- 이마트24 가파른 가맹점 확대, 신세계
  TV·I&C 종속법인 연결 효과 기대.

차트 분석

- 일봉상 52주 신고가 갱신하며 완전정배
  열 초입국면 2년 하락 끝 반등 시작.

코로나19 완화로 가파른 소비 회복세(유통채널 회복 가시성).
중국 한한령 완화 기대감 → 해외여행 재개 시 이연수요 회복.
해외여행경비 국내소비 전환에 따른 효과가 반영될 것으로 예상.

호텔신라 ☆☆

기업개요

- 1973년 5월 설립된 동사는 TR 부문, 호텔&레저 부문으로 2개 사업 부문을 영위하고 있음.
- 신라면세점은 시내 및 공항, 인터넷면세점 등의 영업 채널을 통해 향수, 화장품, 시계, 의류, 가방류 등 다양한 브랜드를 선보이고 있으며 루이비통, 에르메스, 샤넬 등 세계적인 명품 브랜드를 보유.

가치 분석

- 코로나 직격탄을 맞은 대표종목으로 2020년 1, 2, 3분기 연속적자.
- 코로나 시대의 종료는 이 종목의 대형호재로 작용할 전망.

정보 분석

- 코로나19의 영향을 가장 많이 받은 면세업종은 서서히 회복 가능성 높음.
- 중소형 따이공 수요와 여행수요 회복 강도가 관건.
- 호텔·레저 부문은 국내 수요 증가로 선방 중.

차트 분석

- 코로나 종료는 시간이 흐를수록 가까워지고 있고, 이 종목의 반등도 가까워지고 있다.

21. 운송 ★★

코로나19로 언택트 소비 트렌드는 가속화되었고 이런 움직임은 지속될 전망. | 다양한 연령대의 소비자가 온라인쇼핑 체험 후 더 많은 물품을 온라인으로 구매. | 택배사들은 물량확대에 따른 영업 레버리지 효과를 온전히 누리며 영업이익률 상승세 지속.

HMM ☆☆

기업개요

- 컨테이너 운송, 벌크화물 운송 등을 주요 사업으로 영위하는 세계적인 종합 해운 물류기업.
- 1976년 유조선 3척의 운항을 시작으로, 컨테이너선, 벌크선, 광탄선, 중량화물선, 특수제품선 등 신사업에 적극 진출하여 경쟁력을 강화하는 등 다각화된 사업 영역을 영위하고 있음.

가치 분석

- (구)현대상선으로 해운업의 턴어라운드와 함께 2분기, 3분기 연속 흑자전환.

정보 분석

- 컨테이너 시황 강세가 이어질 것으로 판단하며, 장기계약운임까지 인상 가능성 높음.
- 유럽·미주 중심으로 재고축적 수요가 집중되며 시황 강세 시현.
- 24K 초대형 컨테이너선 인도에 따른 외형성장 & 단위비용 절감.

차트 분석

- 중장기 하락추세에서 벗어나 단기 상승추세 진행 지속 중인 차트.

항공여객 시장은 코로나19 백신이 세계적으로 보급되는 시점부터 점진적으로 회복될 전망.
당분간 항공화물 운임 강세가 지속될 전망.
국내 항공운송시장은 상위 업체 위주로 재편될 것으로 예상됨.

대한항공 ☆

기업개요
- 항공운송 사업을 주요 사업으로 영위하고 있으며, 국내 13개 도시와 해외 43개국 111개 도시에 여객 및 화물 노선을 보유하고 있음.
- 항공운송 사업은 각 노선별 수요 변동 및 항공사 동향을 고려한 탄력적 공급 조정을 실시. 화물 사업은 우편물, 신선화물, 생동물, 의약품 등 고수익 품목의 영업을 확대해 수익 제고계획.

가치 분석
- 적자지속의 재무제표, 업종 특성이긴 하나 매우 높은 부채비율.
- 아시아나항공 인수결정이 어떤 식으로 진행될지가 관건.

정보 분석
- 코로나19에 따른 여객 수요 급감에도 불구, 화물 부문 호조.
- 여객 모멘텀 회복까지 시일이 필요할 것으로 예상되며 화물수요는 견고할 것으로 전망.
- 아시아나항공 인수가 성사된다면 국내 유일의 대형항공사(Full Service Carrier).

차트 분석
- 주인 없는 종목도 아니고 공기업도 아닌데 중장기 하락추세 진행 중인 몇 안 되는 대형주.

22. 건설 ★

2010년대 중동 플랜트를 중심으로 호황기를 맞이했던 건설업은 해외 발 Big Bath를 거치며 국내 주택 중심으로 완전히 변모. | 정부의 수도권 공급 목표와 함께 유휴부지개발 및 도시개발사업 지속.

현대건설 ☆

기업개요

- 토목과 건축 공사를 주사업 영역으로 함. 건축 주택, 토목, 플랜트, 기타 등으로 사업 부문
- 우리나라 원전의 대부분을 시공했으며, 2009년에는 국내 최초로 UAE 원전 4기를 수주하여 원전 시공기술을 인정받음. 토목, 건축산업 분야 국내시장에서도 탄탄한 입지를 구축..

가치 분석

- 현대차가 최대주주인 현대차그룹주.
- 대림산업, GS건설등 우량 건설주에 비해서 재무제표상 장점은 없음.

정보 분석

- 양호한 주택 실적과 가시화 되는 해외 파이프라인(이라크, 카타르, 사우디등).
- 카타르와 사우디 중심으로 GAS 플랜트 수주 기대.
- 바이오가스, 풍력 사업 등 신사업 진출 추진 중.

차트 분석

- 2018년 거래 늘며 상승했던 시기가 북미 정상회담으로 인한 대북관련주 강세시절.

브랜드 아파트를 중심으로 대형 주거단지 확대와 중동 플랜트 시장 진출 기대.
주택시장은 주택 공급 관점에서 우려 대비 우호적일 전망.
도시정비는 경기·인천·지방 광역시 재개발을 중심으로 시행 증가가 기대.

대림산업 ☆☆

기업개요

• 1939년 설립된 종합건설회사. 국내 100
  대 건설사 중 가장 오래된 역사를 가지고
  있으며 첫 해외진출 건설사, 국회의사당
  및 세종문화회관 등 역사적 랜드마크 건
  립 기록 보유.

• 토목, 주택, 플랜트 등 종합건설업을 영위
  하는 건설 사업부와 석유화학제품을 생
  산하는 석유화학 사업부로 구성.

가치 분석

• 현대건설 대비 높은 영업이익률, 낮은
  PER가 돋보이는 종목.

• 건설, 금융 등의 우량주들 중 PER 5 이하
  종목 많으니 업종특성으로 이해할 것.

정보 분석

• 주택과 국내 플랜트 이익이 만드는 우량
  한 펀더멘탈.

• 주택 부문의 안정적인 마진율과 자회사
  실적 개선 흐름.

• 대림산업 건설 사업부와 대림건설의 주
  택 사업 모델은 전략 이원화.

차트 분석

• 건설주는 두 가지 차트로 구분할 수 있다.
  하락추세 OR 비추세. 이 종목은 비추세
  종목.

23. 의류 ★★

스포츠웨어와 일상복의 경계를 허문 패션 트랜드인 애슬레저 시장 확대.
레저스포츠의 인구증가 : 골프, 테니스, 등산 등.
플랫폼 다변화: 해외 진출, 온라인 → 판매량 증가+수수료 절감.

휠라홀딩스 ☆☆

기업개요

- FILA의 국내 브랜드 사업을 위해 1991년 설립되었으며, 2007년 글로벌 상표권을 인수하였고 2020년 1월 물적분할을 통해 지주회사로 변경됨.
- 휠라홀딩스는 글로벌 FILA 브랜드의 지주회사 역할을 하고 있으며 계열회사의 경영자문과 투자사업, 기타 부대사업 등을 주요 사업으로 영위.

가치 분석

- 휠라홀딩스는 휠라코리아의 물적분할로 100% 자회사로 둔 지주회사.
- 코로나 수혜의 최대 업종인 골프 관련 의류 판매 증가.

정보 분석

- 미국과 유럽 등 해외 시장에서 브랜드 포지셔닝 확대노력 중.
- 미국 골프 수요 집중에 따른 자회사 Acushnet의 실적 호조
- 미국 경제 활동 재개 및 성장 전환 기대.

차트 분석

- 산이 높으니 골이 깊고, 골이 깊은데 다시 반등을 주니 기대감은 크다.

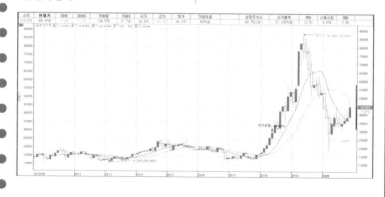

패션 기업들의 전통 유통채널 구조조정도 현재 진행형으로 영업의 효율화를 지속 노력.
한류열풍으로 국내기업들의 브랜드 위상 강화.
OEM: 미중 불협화음 지속으로 중국 외 지역의 대형사 물량 집중.

F&F ☆☆

기업개요
- MLB, MLB KIDS, DISCOVERY EXPEDITION, STRETCH ANGELS 등의 브랜드를 성공적으로 전개하며 지속적인 성장을 기록하고 있음.
- 동남아 및 중국 시장에서 MLB의 지속적인 확장을 통해 글로벌 패션기업으로 성장하고 있음.

가치 분석
- 2019년 실적 퀀텀점프를 보였지만, 2020년 코로나로 실적 감소.
- 지주회사체제를 위한 기업분할 공시.

정보 분석
- 중국 현지 사업 강화 통한 매출성장 및 레버리지 확대(신규 점포 출점).
- 판매량 증대 지속 통한 브랜드 콘텐츠 경쟁력 입증.
- MLB, Discovery 등 브랜드 성장세가 견조.

차트 분석
- 시총은 휠라홀딩스가 대장주이지만, 주가상승률로는 F&F가 1위.

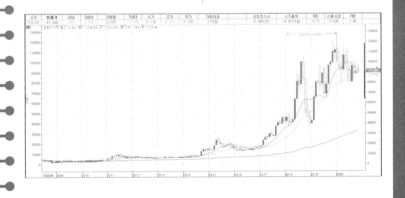

부자의 공식

초판 1쇄 발행 2020년 12월 28일
초판 4쇄 발행 2021년 1월 13일

지은이 이정윤
펴낸이 권기대

펴낸곳 베가북스 **출판등록** 2004년 9월 22일 제2015-000046호
주소 (07269) 서울특별시 영등포구 양산로3길 9, 2층
주문·문의 전화 (02)322-7241 팩스 (02)322-7242

ISBN 979-11-90242-68-4

* 책값은 뒤표지에 있습니다.
* 잘못된 책은 구입하신 서점에서 바꾸어 드립니다.
* 좋은 책을 만드는 것은 바로 독자 여러분입니다.
  베가북스는 독자 의견에 항상 귀를 기울입니다. 베가북스의 문은 항상 열려 있습니다.
  원고 투고 또는 문의사항은 vega7241@naver.com으로 보내주시기 바랍니다.
* 베가북스에 대한 더 많은 정보가 필요하신 분은 홈페이지를 방문해주시기 바랍니다.

e-Mail vegabooks@naver.com **홈페이지** www.vegabooks.co.kr
블로그 http://blog.naver.com/vegabooks
인스타그램 @vegabooks **페이스북** @VegaBooksCo